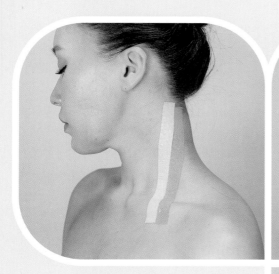
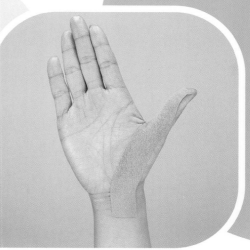

키네시올로지 테이핑요법
kinesiology taping technology

강주성, 김명희, 박영환, 설성란, 성낙현, 성재우, 성진우, 우애정, 정일홍 저

대경북스

머리말

키네시올로지 테이프는 약물 처리를 전혀 하지 않은, 신축력과 접착력만을 가진 접착성 탄력 테이프로서 인공근육근막(Artificial Myofascia)을 형성하는 테이프다. 그동안 우리나라에서 스포츠 테이프를 사용하기는 했지만, 테이프를 이용한다는 것만 동일할 뿐, 그 방법과 작용 그리고 효과는 키네시올로지 테이프와 분명히 차이가 있다.

키네시올로지 테이프는 긴장된 근육에 이완력을 발휘하고, 병변으로 약해진 근육에 수축력을 발휘하므로, 테이프를 신체 여러 부위에 적절하게 붙이면 즉시 주변 근육과 균형이 이루어져 증상이 개선되고, 통증이 감소된다. 이는 테이프가 체내에 흐르는 혈액과 림프액의 순환을 돕는 역할을 수행하기 때문이다.

근육 작용의 증상에 따라 여러 근육(주동근, 협력근, 길항근)에 통증이 나타나지만, 테이핑 요법은 병명을 정확히 알지 못해도 우수한 치료 효과를 나타낸다. 그러나 의료의 전문적인 방법에 사용하기 위해서는 정확한 진단과 동작 분석, 그리고 운동기능학과 근육근막의 통증 등에 관한 지식이 필요하다.

따라서 이 책은 테이핑 요법을 좀 더 알기 쉽고 누구나 사용하기에 편리하도록 하기 위하여 *상지(목, 어깨, 팔), *허리부위(허리, 복부, 둔부), *하지(대퇴, 고관절, 무릎, 발목)로 나누고, 진단방법과 일상생활에서 자주 일어나는 통증이 어떤 근육에서 비롯되는지 사례를 들어 기술하였다.

테이프를 붙이는 방법을 설명하기 위하여 근육별 기시점과 정지점 및 근육의 기능을 알기 쉽게 나타냈고, 질환 및 근육별로 붙이는 방법을 상세히 기술하였다.

이 책은 일반인과 운동선수들의 스포츠상해, 근골격계 질환, 생활통증 등으로부터 빠른 회복과 일상생활을 윤택하게 하는 데 목적을 두고 있다. 나아가 스포츠의 학술적 교류와 의학계의 교류로 미래의 트레이너 양성에 도움이 되었으면 하는 바람이다.

2022년 8월

저 자 씀

차 례

팔과 손의 통증에 대한 테이핑 135

일상의 통증에 대한 사례별 테이핑 190

제 3 장 허리부위의 테이핑

제 4 장 하지의 테이핑

제 5 장   질환/부위별 테이핑

제 **1** 장

테이핑 요법과 인체의 이해

테이핑의 역사

TV에서 방영되는 스포츠 프로그램에서 운동선수들이 신체 여기저기에 테이프를 붙인 모습을 보았을 것이다. 이것이 흔히 말하는 '스포츠 테이핑'이다.

스포츠 테이핑은 인체의 한 부위에 상해를 입어 기능 장애를 가진 선수가 2차 손상을 방지하기 위하여 통증 부위를 고정하여 단시간의 시합이나 연습을 무리 없이 시행할 수 있게 하는 요법이다. 이처럼 테이프는 운동선수나 스포츠 동호인 사이에는 이미 빼놓지 않는 비품 중의 하나로 부각되어 있다.

스포츠 테이핑의 기원은 확실하지는 않으나 19세기 말경 아메리카 군대에서 부상을 입은 병사의 환부를 고정하기 위하여 사용되었으며, 1920~30년대 유럽과 미국 등의 정골요법(Osteopathy)에서 테이핑을 이용한 기록이 있다. 그러나 현재 원본은 찾지 못하여 그 기전은 알 수 없으나, 이것은 현재 각국에서 사용하고 있는 스포츠 테이핑으로 추정된다. 이때 근육의 긴장 완화를 위해 등(back)에 X자 테이핑을 한 것으로 보인다. 우리나라에서는 민간요법으로 문풍지(한지)를 사용하여 통증부위를 감싸주었는데, 이것이 근육을 이완한 테이핑의 효과로 볼 수도 있다.

이것이 오늘날 각국에서 사용하는 스포츠 테이핑으로 발전하였다. 그후 1970년대에 일본에서 가세겐죠에 의해 운동학적 테이핑 요법(taping therapy)인 '키네시올로지 테이핑의 이론'을 정립한 탄력 테이핑 요법과 다나까에 의해 반응점(trigger point)에 대한 '비탄력 격자형(spiral) 테이핑 요법'이 고안되었다. 그 후 아리가와가 근육의 병태생리와 근육작용의 원리를 위주로 하여 접촉 또는 압박 검사를 체계적으로 개발하는 업적을 이룩하였다.

우리나라에 전래된 것은 고작 10년 정도로서 양의학에서는 재활의학과, 정형외과, 일반외과, 내과, 물리치료실, 통증클리닉 등 많은 의료인들이 학술적 연구를 진행하고 있다. 또한 한의학에서는 테이핑 요법을 추나요법(카이로프랙틱) 후 향기(아로마)요법과 병행하여 경락과 경혈, 반응점을 중심으로 한 탄력과 비탄력 테이핑 요법을 접할 수 있게 되었다. 또한 스포츠 경기 가맹단체 및 스포츠인이나 지도자뿐만 아니라 수영장, 체육관, 헬스클럽, 에어로빅 등에 종사하는 지도자들에게까지 확산되고 있다.

테이핑 요법의 이해

테이핑 요법의 기전

인체에서 가장 큰 비중을 차지하는 조직은 근육이다. 근육 조직은 몸 전체의 반 이상을 차지하며, 골격과 균형을 이루고 있다. 모든 근육은 골격에 붙어 있고, 이것을 피부가 감싸고 있다. 또한 공간(강=속공간) 기관의 벽이나 혈관 벽에도 붙어 있다. 근육의 기능은 위치에 따라 다르다. 근육이 체내에서 중요한 역할을 하는 이유는 수축성(contractility)을 가지고 있기 때문이다.

근육은 인체의 여러 부위를 움직이는 기능이 있어서 인체에 있는 관의 지름을 변화시켜 체외로 노폐물을 밀어내며, 골격근을 수축시켜 운동을 한다. 이때 많은 열(energy)을 생산하여 굴곡, 신전, 외전, 내전, 회전 등을 자유롭게 하도록 도와줌으로써 근육의 기능을 원활하게 하는 요법이 바로 '테이핑 요법'이다. 다시 말하면 효율적인 신체 운동과 통증이 있는 신체의 기능 회복을 연구하는 학문이라 할 수 있다.

테이핑 요법의 원리를 간단히 설명하면, 어느 부위에 통증이 나타나면 작용근을 찾아 근육을 최대한 늘리고(스트레칭) 테이프는 늘리지 않는 상태에서 붙여 피부와 근육 사이의 공간을 커지게 함으로써 그 공간으로 혈액이나 림프액의 순환을 활발하게 하여 근육의 운동기능을 부활시켜 정상적인 신체 활동을 돕는 데 있다.

또 하나의 이론은 근육과 건(힘줄)의 지나친 수축을 막아주는 이론, 즉 골지건의 법칙과 근육이 지나치게 늘어나는 것을 예방하여 근육의 긴장성 조절·자세 조절·신체의 균형(평형) 조절, 즉 근방추 반사 이론을 통하여 통증의 해소와 신체의 균형을 유지하는 원리이다.

찜질약(파스 성분)과 테이핑의 차이

어깨 결림이나 요통으로 고생하는 사람 중 대다수가 한번쯤은 판매되고 있는 찜질약을 사용해 본 경험이 있을 것이다. 이들 찜질약의 대부분은 쿨(cool) 타입이어서 붙이면 시원한 느낌을 가지게 된다. 그 목적은 통증 부위의 열을 제거하는 것으로, 바르고 나면 산뜻한 기분을 느낄 수 있고 진통 억제 효과는 있으나 지속되지는 않는다.

그러나 인공근육막 테이프(Artificial Myofascia Tape)는 긴장된 근육에 이완력을 발휘하고, 병변으로 약해진 근육에 수축력을 발휘하므로 증상이 개선되고 마음이 편안해지는데, 이것이 곧 치료로 연결되는 것이다.

테이프의 성분 및 특징

테이프의 성분

찜질약이나 파스류는 그 자체에 약 성분이 있으나, 테이프는 약 성분을 가지고 있지 않고, 100%의 아크릴 풀이 붙어 있다. 무명천으로 만든 제품이어서 약 성분에 의해 통증이나 증상을 치유하는 것이 아니라, 피부에 붙여 인체 본래의 생체 반응을 일으키게 함으로써 병이나 장애를 치유하는 것이다.

쉽게 말하면 테이핑을 하면 보조 근육이 형성되어 근육이나 체액의 활동을 촉진시켜 통증의 원인인 근육의 염증·이완과 긴장 완화, 신경의 흩어짐 예방, 염좌 및 어긋난

관절의 교정 등을 한다. 테이핑의 비밀은 특수한 신축성과 복원성에 있는데, 이것은 인체 피부의 신축률과 가장 가깝게 설계하여 직조되었기 때문이다.

▦ 테이프의 특징

테이핑은 테이프를 늘려서 근육에 붙이는 것이 아니라, 먼저 근육을 늘린 상태(스트레치)에서 테이프를 붙인다. 특히 키네시올로지 테이프는 자체에 신축성과 복원성이 있어서 근육을 최대한 이완시킨 자세에서 붙이면 피부를 당겨 근육의 정상적 수축과 이완을 조절하게 된다.

그렇다고 통증 부위에 테이프를 아무렇게나 붙여서는 안 된다. 최대한 발통점(trigger point)을 찾아서 붙여야 그 효과가 탁월하다. 예를 들면 과도한 운동이나 운동 부족인 사람이 갑자기 몸을 무리하게 사용한 후의 통증 발생요인은 신경성·혈관성·내장성 등이므로, 찜질약이나 파스를 통증 부위에 붙이면 완화된다. 그러나 어깨 결림의 원인이 내장 이상에 있다면 어깨 주변뿐만 아니라 내장 위의 근육에 테이핑하는 경우도 있다.

이와 같이 키네시올로지 테이프는 파스류와는 근본적으로 성질과 효과가 다르다. 간혹 테이핑 요법이 어렵다고 생각하는 사람도 있으나, 붙이는 방법 자체는 간단하고 여러 가지 응용 방법을 이해하면 누구나 수행할 수 있다. 따라서 지금까지 파스류나 찜질약에 의존하던 사람이라면 꼭 한번 키네시올로지 테이프를 사용해 보기 바란다.

◖ 테이핑 요법의 원리

▦ 테이핑 전의 검사법

» 가장 정확한 진단은 환자의 병력을 충분히 듣고 환자의 주관적인 느낌을 검사하는 것이다.

» 접촉 검사는 손바닥이나 손가락을 이용하여 의심스러운 근육, 즉 통증의 감소나 관

절가동범위(ROM)의 증가가 예상되는 근육에 압박을 가하거나 접촉함으로써 효과가 있는 근육을 선정하여 붙인다. 이때 시술자는 검사한 압박이나 접촉의 강약에 따라 테이핑한다.

» 급성인 경우에는 청취한 병력을 바탕으로 하여 자세한 검사를 시행한다.

기본 테이핑 요법

» 검사에서 통증이 감소하거나 없어지는 동작 또는 방향으로 테이핑한다.
» 테이핑의 치료 방향은 반드시 몸의 균형 방향, 즉 통증이 일어나지 않는 방향으로 테이핑한다.
» 급성기에는 접촉 검사 없이 밸런스 형성을 근육의 주행 방향을 따라 해당 근육의 기시부에서 정지부까지 근육을 최대한 늘린 상태(스트레칭)에서 테이핑한다.

테이핑 요법의 효과

테이핑 요법의 효과

우리는 간혹 어깨 신경통이나 무릎 통증으로 병원이나 의원을 찾아가 X-레이나 CT를 찍으면 의사로부터 별다른 질병이 아니니 휴식을 취하라는 처방을 자주 얻곤 한다. 그러나 근육통 등의 환자는 통증이 심해서 일상생활을 제대로 못하는 경우가 허다하다.

인간의 병이나 고통의 원인은 아주 복잡해서 현대의학으로도 알 수 없는, 치료법마저 없는 경우가 많이 있다. 예를 들면 후유증이나 고질병은 누구라도 나이가 들면 나타나는 증상들이다. 그러나 정작 본인은 심각하게 앓고 있지만 완치되지 않아서 여러 가지 약으로 시험해 본 후에 고통을 완화시킬 수 있는 방법을 터득하여 사용하는 것이 전부이다. 통증의 원인이나 이유를 알려면 의학적 전문 지식이 있어야 하는데, 일반인들은 그보다도 하루 빨리 통증이 가라앉기를 바랄 뿐이다.

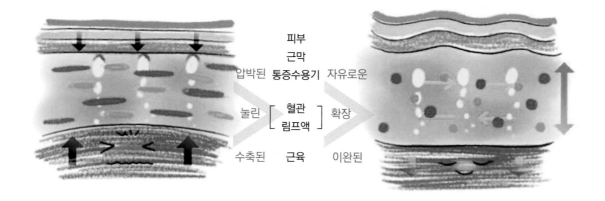

테이핑 요법의 효과는 다음과 같다.

» 근육의 기능을 바로 잡고, 2차 손상을 예방한다.

» 혈액, 림프액, 조직액 등의 순환을 돕는다.

» 통증을 가라앉힌다.

» 관절의 어긋남(염좌)을 잡아준다.

▒ 테이핑 요법의 적응증

» 병변(근, 건, 인대, 관절, 디스크 등)이 있는 모든 연부 조직의 기능 이상 교정과 치료

» 예방적 가치 : 치료와 치료의 유지, 각종 통증의 예방 효과

» 근력의 강화 : 근육의 이완은 물론 근력 강화를 위한 테이핑 상태에서의 운동 효과

» 내과적 이용 : 불면증, 변비, 방광기능 이상, 생리 이상, 소화기 이상 등

• 혈관 반사작용의 효과(Effect of vasomotor reflex)

• 관절 운동의 증대(Increase of ROM)

• 근육 상태의 조절(Muscle tone control)

• 어깨 관절의 긴장(Frozen shoulder)

• 발목의 염좌(Ancle sprain)

• 근육통(Muscle pain)

테이프의 종류

키네시올로지 테이프는 사용 용도와 붙이는 부위에 따라 폭 2.5cm, 3.75cm, 5cm, 7.5cm 4가지 종류로 나뉘는데, 폭 5cm 테이프를 가장 많이 사용한다. 살색 테이프는 눈에 잘 띄지 않는 장점이 있어서 가장 많이 쓰이고, 적색과 청색은 색깔에 의한 시각 효과 외에 살색 테이프와 질적인 면이나 성분, 두께, 탄력, 접착력에서 큰차이는 없다. 테이프는 신체 부위에 따라 여러 가지 형태나 길이로 잘라서 사용하고 있다.

테이프의 형태

테이프의 형태는 근육의 모양과 형태에 따라 I자형, Y자형, X자형, 지선형, 쐐기형, 쐐기변형Ⅰ, 쐐기변형Ⅱ 등으로 잘라서 사용하는데, I자형과 Y자형을 가장 많이 사용한다.

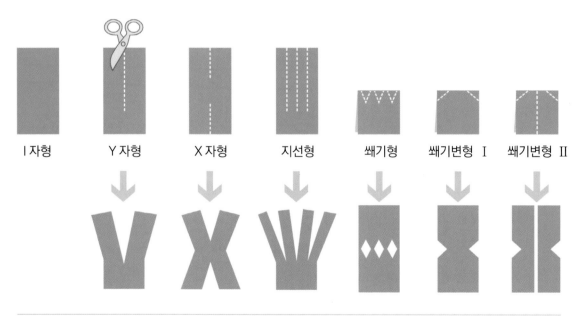

키네시올로지 테이프의 형태

테이핑 시의 주의사항

» 테이프는 2~3일 간격으로 붙이되, 하루 정도 근육을 쉬게 한다.

» 테이프를 붙이는 주위를 청결하게 한다.

» 테이프는 근육을 늘려서(스트레치) 붙이는 것이 원칙이지만, 거동이 불편할 때는 그 자세에서 15~20% 정도 늘려서 붙인다.

» 알레르기성 체질의 환자는 항히스타민제를 복용한 후 붙이거나 심하면 중지한다.

» 떼어낼 때 확 잡아 떼어내는 것은 금물이다(서서히 제거한다).

테이핑 순서

① '어떻게 움직일 때 아픈가?'를 살핀다.

② 가동력 검사(능동, 수동)에 의하여 테이핑한다.

③ 가장 편안한 자세를 찾거나 주된 병변이 이완되는 자세를 찾아 테이핑한다.

④ 저항 검사에 의하여 분석한다.

⑤ 질환별로 감별하여 진단하고 원인을 분석한다.

⑥ 척추 균형이나 운동기능학적 측면에서 균형을 이용하여 테이핑한다.

인체의 부위 및 질환별 테이핑 요법

① 상지부 : 목(상지에 속하지 않는다), 어깨, 등, 팔, 손

② 체간부 : 요통, 허리, 내장기

③ 하지부 : 고관절, 슬관절, 발목, 발가락

④ 기타 질환별 테이핑 : 류마티스, 불면증, 생리통 등

* 요법의 세부 내용은 제2~5장에서 다루기로 한다.

인체의 구조

골격계

인체에는 몸통뼈 80개, 팔다리뼈 126개, 합계 206개의 뼈들이 서로 연결되어 뼈대를 이루어 인체의 구조를 유지하며, 근육이 붙는 자리가 된다. 그리고 관절에서 운동이 일어날 때 지렛대와 같은 역할을 담당한다.

이를 좀 더 구체적으로 살펴보면 두개골(머리뼈) 29개, 척추뼈 26개, 흉골(복장뼈) 1개, 늑골(갈비뼈) 24개(12쌍)의 몸통뼈와 상지골 64개(32쌍), 하지골 62개(31쌍)의 팔다리뼈로 구성되어 있다.

특히 척추뼈는 7개의 경추, 12개의 흉추, 5개의 요추와 천추 1개(5개가 유합됨), 미추 1개(5개가 유합됨)로 구성되어 있다.

이들은 몸의 균형을 유지하며 일 또는 운동을 할 때 굽히는 동작이나 펴는 동작, 옆으로 돌리거나 회전할 때 작용한다.

한편, 척추에는 31개의 신경이 있는데, 뇌에 정보를 전달하는 지각신경과 뇌의 명령을 받아 근육에 전달하는 운동신경이 척추에 연결되어 있어서 무리하게 되면 우리가 통증을 호소한다.

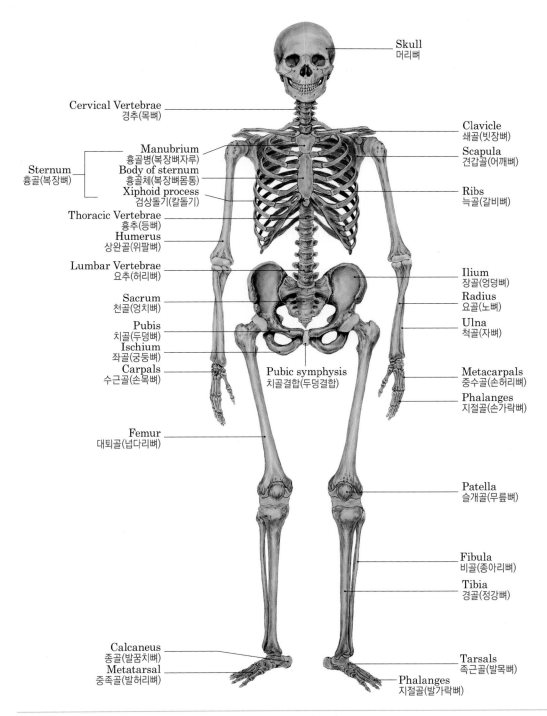

Skull
머리뼈

Cervical Vertebrae
경추(목뼈)

Clavicle
쇄골(빗장뼈)

Manubrium
흉골병(복장뼈자루)

Scapula
견갑골(어깨뼈)

Sternum
흉골(복장뼈)

Body of sternum
흉골체(복장뼈몸통)

Xiphoid process
검상돌기(칼돌기)

Ribs
늑골(갈비뼈)

Thoracic Vertebrae
흉추(등뼈)

Humerus
상완골(위팔뼈)

Lumbar Vertebrae
요추(허리뼈)

Ilium
장골(엉덩뼈)

Sacrum
천골(엉치뼈)

Radius
요골(노뼈)

Pubis
치골(두덩뼈)

Ulna
척골(자뼈)

Ischium
좌골(궁둥뼈)

Carpals
수근골(손목뼈)

Pubic symphysis
치골결합(두덩결합)

Metacarpals
중수골(손허리뼈)

Phalanges
지절골(손가락뼈)

Femur
대퇴골(넙다리뼈)

Patella
슬개골(무릎뼈)

Fibula
비골(종아리뼈)

Tibia
경골(정강뼈)

Calcaneus
종골(발꿈치뼈)

Tarsals
족근골(발목뼈)

Metatarsal
중족골(발허리뼈)

Phalanges
지절골(발가락뼈)

인체의 골격계(앞면)

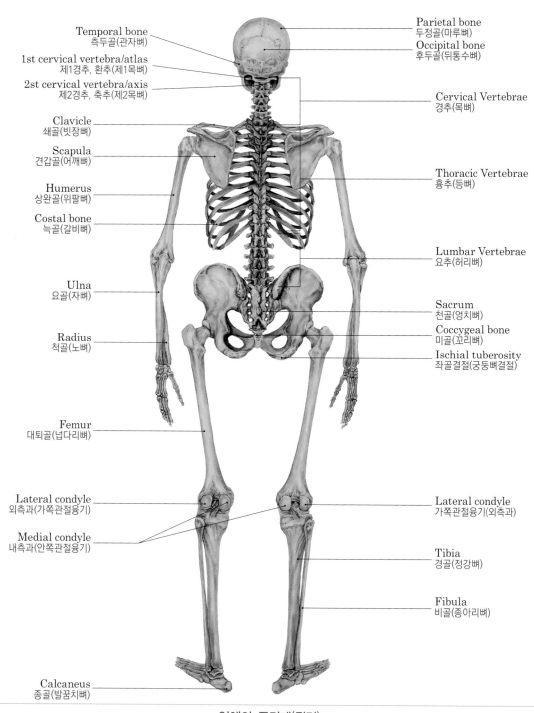

Temporal bone
측두골(관자뼈)

1st cervical vertebra/atlas
제1경추, 환추(제1목뼈)

2st cervical vertebra/axis
제2경추, 축추(제2목뼈)

Clavicle
쇄골(빗장뼈)

Scapula
견갑골(어깨뼈)

Humerus
상완골(위팔뼈)

Costal bone
늑골(갈비뼈)

Ulna
요골(자뼈)

Radius
척골(노뼈)

Femur
대퇴골(넙다리뼈)

Lateral condyle
외측과(가쪽관절융기)

Medial condyle
내측과(안쪽관절융기)

Calcaneus
종골(발꿈치뼈)

Parietal bone
두정골(마루뼈)

Occipital bone
후두골(뒤통수뼈)

Cervical Vertebrae
경추(목뼈)

Thoracic Vertebrae
흉추(등뼈)

Lumbar Vertebrae
요추(허리뼈)

Sacrum
천골(엉치뼈)

Coccygeal bone
미골(꼬리뼈)

Ischial tuberosity
좌골결절(궁둥뼈결절)

Lateral condyle
가쪽관절융기(외측과)

Tibia
경골(정강뼈)

Fibula
비골(종아리뼈)

인체의 골격계(뒷면)

근육계

인체에는 600개 이상의 근육이 있으며, 그것은 골격근, 내장근, 심근을 이룬다. 평활근 또는 불수의근이라 불리는 내장근은 우리가 의식적으로 조절할 수 없으며, 심근은 심장에 국한된다.

골격계는 인체의 외형을 이루고 지탱하지만, 뼈 자체로는 몸을 움직일 수 없으므로 뼈에 근육이 붙어 골격근을 이룸으로써 비로소 동작을 만들어낼 수 있다.

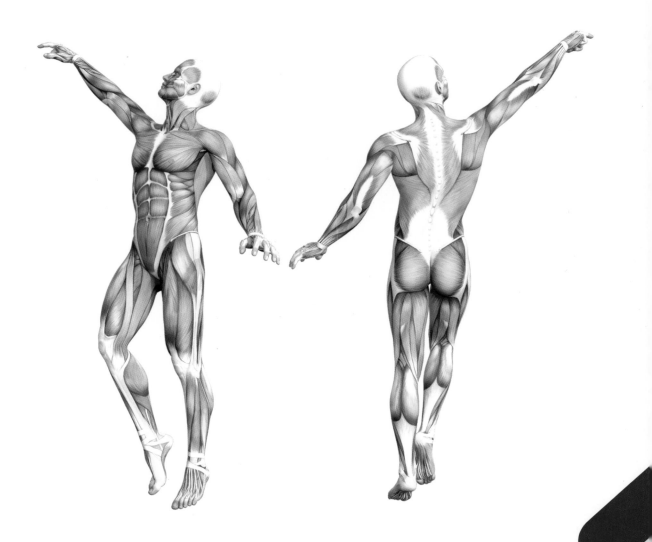

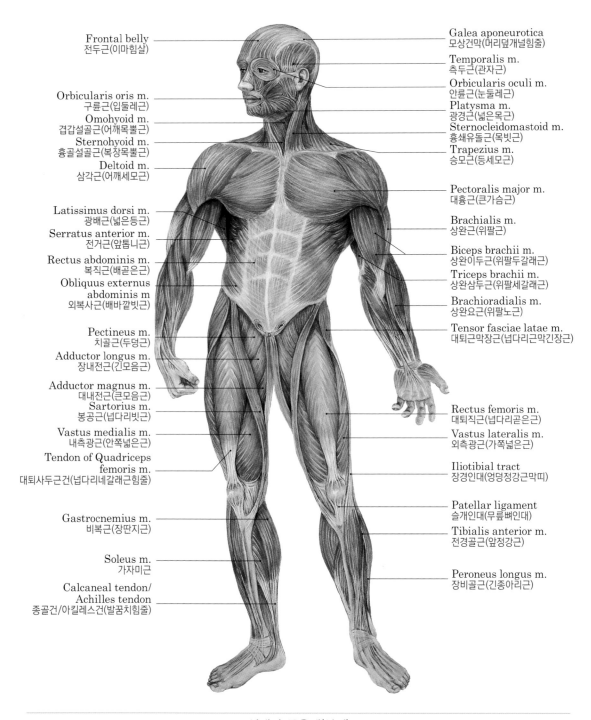

Frontal belly
전두근(이마힘살)

Orbicularis oris m.
구륜근(입둘레근)
Omohyoid m.
겹갑설골근(어깨목뿔근)
Sternohyoid m.
흉골설골근(복장목뿔근)
Deltoid m.
삼각근(어깨세모근)

Latissimus dorsi m.
광배근(넓은등근)
Serratus anterior m.
전거근(앞톱니근)
Rectus abdominis m.
복직근(배곧은근)
Obliquus externus
abdominis m
외복사근(배바깥빗근)

Pectineus m.
치골근(두덩근)
Adductor longus m.
장내전근(긴모음근)

Adductor magnus m.
대내전근(큰모음근)
Sartorius m.
봉공근(넙다리빗근)
Vastus medialis m.
내측광근(안쪽넓은근)
Tendon of Quadriceps
femoris m.
대퇴사두근건(넙다리네갈래근힘줄)

Gastrocnemius m.
비복근(장딴지근)

Soleus m.
가자미근

Calcaneal tendon/
Achilles tendon
종골건/아킬레스건(발꿈치힘줄)

Galea aponeurotica
모상건막(머리덮개널힘줄)
Temporalis m.
측두근(관자근)
Orbicularis oculi m.
안륜근(눈둘레근)
Platysma m.
광경근(넓은목근)
Sternocleidomastoid m.
흉쇄유돌근(목빗근)
Trapezius m.
승모근(등세모근)

Pectoralis major m.
대흉근(큰가슴근)

Brachialis m.
상완근(위팔근)

Biceps brachii m.
상완이두근(위팔두갈래근)
Triceps brachii m.
상완삼두근(위팔세갈래근)
Brachioradialis m.
상완요근(위팔노근)
Tensor fasciae latae m.
대퇴근막장근(넙다리근막긴장근)

Rectus femoris m.
대퇴직근(넙다리곧은근)
Vastus lateralis m.
외측광근(가쪽넓은근)

Iliotibial tract
장경인대(엉덩정강근막띠)

Patellar ligament
슬개인대(무릎뼈인대)
Tibialis anterior m.
전경골근(앞정강근)

Peroneus longus m.
장비골근(긴종아리근)

인체의 근육계(앞면)

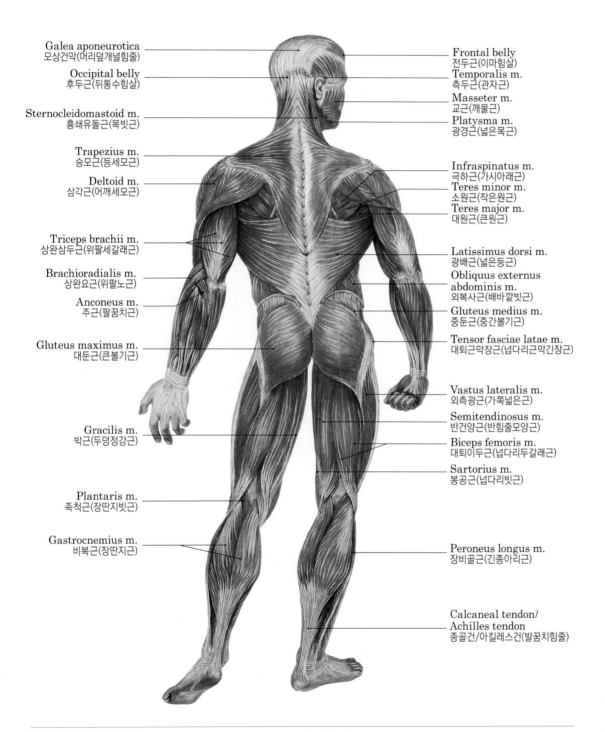

Galea aponeurotica
모상건막(머리덮개널힘줄)

Occipital belly
후두근(뒤통수힘살)

Sternocleidomastoid m.
흉쇄유돌근(목빗근)

Trapezius m.
승모근(등세모근)

Deltoid m.
삼각근(어깨세모근)

Triceps brachii m.
상완삼두근(위팔세갈래근)

Brachioradialis m.
상완요근(위팔노근)

Anconeus m.
주근(팔꿈치근)

Gluteus maximus m.
대둔근(큰볼기근)

Gracilis m.
박근(두덩정강근)

Plantaris m.
족척근(장딴지빗근)

Gastrocnemius m.
비복근(장딴지근)

Frontal belly
전두근(이마힘살)

Temporalis m.
측두근(관자근)

Masseter m.
교근(깨물근)

Platysma m.
광경근(넓은목근)

Infraspinatus m.
극하근(가시아래근)

Teres minor m.
소원근(작은원근)

Teres major m.
대원근(큰원근)

Latissimus dorsi m.
광배근(넓은등근)

Obliquus externus
abdominis m.
외복사근(배바깥빗근)

Gluteus medius m.
중둔근(중간볼기근)

Tensor fasciae latae m.
대퇴근막장근(넙다리근막긴장근)

Vastus lateralis m.
외측광근(가쪽넓은근)

Semitendinosus m.
반건양근(반힘줄모양근)

Biceps femoris m.
대퇴이두근(넙다리두갈래근)

Sartorius m.
봉공근(넙다리빗근)

Peroneus longus m.
장비골근(긴종아리근)

Calcaneal tendon/
Achilles tendon
종골건/아킬레스건(발꿈치힘줄)

인체의 근육계(뒷면)

정맥계에서의 판막 구성(하지)

비골근(종아리근육)은 심비골정맥(깊은종아리정맥)을 위한 펌프 역할을 한다.

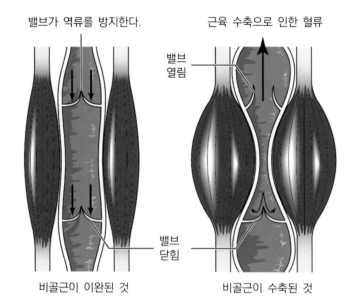

밸브가 역류를 방지한다.

근육 수축으로 인한 혈류

밸브 열림

밸브 닫힘

비골근이 이완된 것

비골근이 수축된 것

인체의 운동

관절 운동과 관련하여 해부학적 움직임을 설명하는 용어로서 굴곡(Flexion) 과 신전(Extension), 내전(Adduction)과 외전(Abduction), 회내(Pronation)와 회 외(Supination), 내측 회전(Medial rotation)과 외측 회전(Lateral rotation), 원회 전(Circumduction), 전진(Protraction)과 후퇴(Retraction), 상승(Elevation)과 하 강(Depression), 내번(Inversion)과 외번(Eversion), 대립(Opposition)과 정복 (Reposition) 등을 거론할 수 있다.

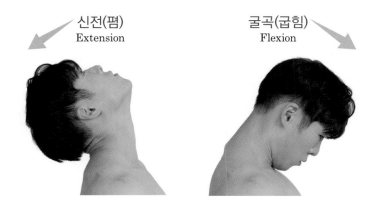

신전(폄)
Extension

굴곡(굽힘)
Flexion

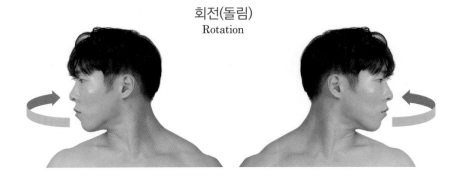

회전(돌림)
Rotation

회외(뒤침)
Supination

회내(엎침)
Pronation

요측 굴곡(노쪽굽힘)
Radial deviation

척측 굴곡(자쪽굽힘)
Ulnar deviation

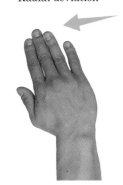

굴곡(굽힘)
Flexion

신전(펴)
Extension

신전(펴)
(Knee) Extension

굴곡(굽힘)
(Knee) Flexion

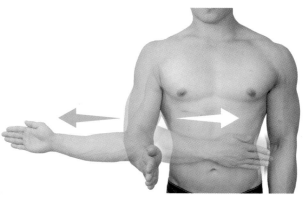

외측 회전(가쪽돌림)
Lateral rotation

내측 회전(안쪽돌림)
Medial rotation

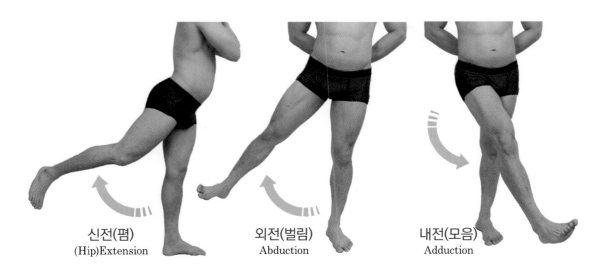

신전(폄)
(Hip)Extension

외전(벌림)
Abduction

내전(모음)
Adduction

내반(안쪽번짐)
Inversion

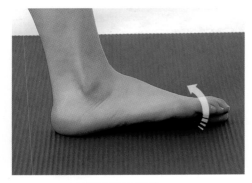

외반(가쪽번짐)
Eversion

저측 굴곡(발바닥굽힘)
Plantarflexion

배측 굴곡(발등굽힘)
Dorsiflexion

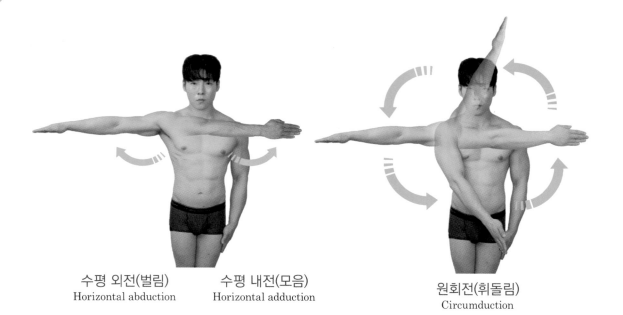

수평 외전(벌림)
Horizontal abduction

수평 내전(모음)
Horizontal adduction

원회전(휘돌림)
Circumduction

외전(벌림)
Abduction

굴곡(굽힘)
Flexion

신전(폄)
Extension

하강(내림)
Depression

거상(올림)
Elevation

전인(내밈)
Protraction

후인(들임)
Retraction

대립(맞섬)
Opposition

제 **2** 장

상지의 테이핑

목의 통증에 대한 테이핑

테이핑 접근 방법과 근육

테이핑 접근 방법

① 어떤 동작에서 통증이 나타나는지를 묻는다.

② 처음 테스트를 할 때의 각도를 미리 확인해서 통증이 발현되는 동작을 되풀이하지 않는다.

③ 작용근의 접촉 테스트는 정확히 하고 접촉 부위에 테이핑한다.

④ 흉쇄유돌근은 일시적이지만 현기증이 날 수 있으므로 강하게 누르거나 문지르지 않는다.

⑤ 급성 환자는 되도록 관절가동성 테스트를 하지 않고 가볍게 접촉하여 편안한 부위가 있으면 그곳에 테이핑한다.

⑥ 잔존하는 통증을 끝까지 없애려고 하면 오히려 증상을 악화시킬 수 있으므로 처음보다 개선되면 다음날로 미룬다.

⑦ 먼저 사각근에 압통과 긴장 유무를 체크하고 나서 사각근 이완 자세에서 테이핑한다. 이때 사각근의 긴장성을 검사하는데, 좌우측 가운데 압통이 심한 부위를 찾은 후 사각근 이완 자세(팔을 머리 위로 올린 자세)에서 반응점을 테이핑한다. 다음으로 가장 아픈 동작을 일으키는 부위에 테이핑한다.

▓ 목의 움직임과 관련된 근육

 흉쇄유돌근(목빗근, Sternocleidomastoid)

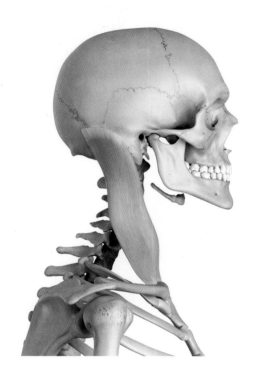

이는곳
Origin

흉골병 쇄골내측

Manubrium of sternum Medial clavicle

닿는곳
Insertion

유양돌기

Mastoid process

작 용
Action

양측 작용 – 목 굴곡
한쪽 작용 – 외측굴곡과 반대방향으로 회전

Bilaterally – flexion of neck

Unilaterally – lateral flexion, rotation head to opposite side

저항성 운동 검사

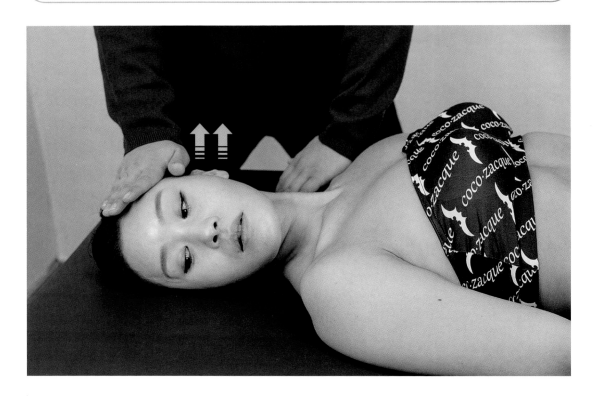

자세

누운 자세에서 머리를 옆으로 돌린 상태에서 목을 살짝 굴곡 시킨다.

시행자

시행자는 한 손은 대상자의 머리 측면에 손을 대고, 다른 손은 몸을 눌러 고정시킨다.

테스트 방법

대상자는 시행자의 손의 방향인 측면 방향으로 저항한다.

흉쇄유돌근 테이핑

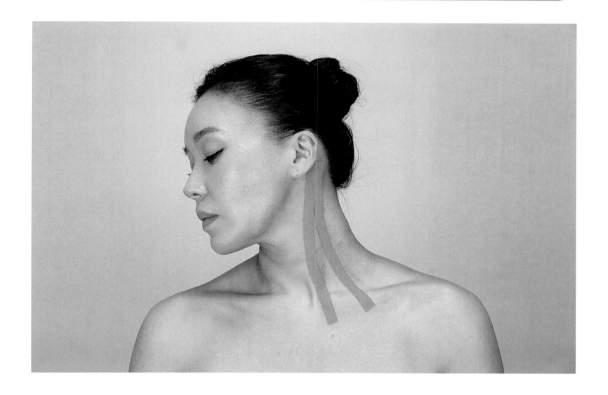

　머리를 좌(우)측으로 기울이고 턱을 약간 밑으로 붙인 상태에서 우(좌)측에 Y자형 테이프 2.5cm×15cm를 귀 뒤의 툭 튀어나온 곳(유양돌기)에서 시작하여 한 가닥을 흉골두 끝에 붙이고, 다른 가닥은 약 3~4cm 정도 떨어진 쇄골두에 붙이면 완성된다.

TIP　목을 측면으로 돌려 회전시킬 때 두껍게 잡히는 근육이 흉쇄유돌근이다.

2 설골상근(목뿔위근, Suprahyoids)

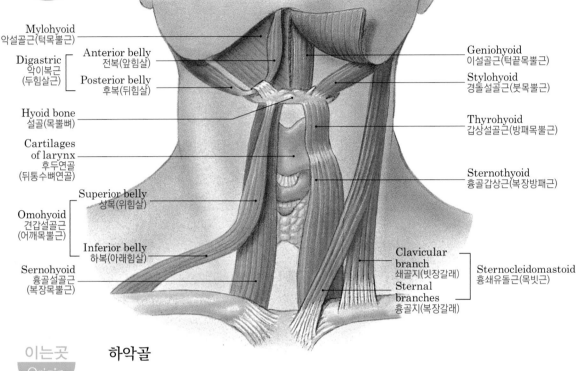

Mylohyoid
악설골근(턱목뿔근)

Digastric
악이복근
(두힘살근)

Anterior belly
전복(앞힘살)

Posterior belly
후복(뒤힘살)

Hyoid bone
설골(목뿔뼈)

Cartilages
of larynx
후두연골
(뒤통수뼈연골)

Omohyoid
견갑설골근
(어깨목뿔근)

Superior belly
상복(위힘살)

Inferior belly
하복(아래힘살)

Sernohyoid
흉골설골근
(복장목뿔근)

Geniohyoid
이설골근(턱끝목뿔근)

Stylohyoid
경돌설골근(붓목뿔근)

Thyrohyoid
갑상설골근(방패목뿔근)

Sternothyoid
흉골갑상근(복장방패근)

Clavicular
branch
쇄골지(빗장갈래)

Sternal
branches
흉골지(복장갈래)

Sternocleidomastoid
흉쇄유돌근(목빗근)

이는곳 Origin
하악골
Mandible

닿는곳 Insertion
설골
Hyoid bone

작 용 Action
음식을 삼킬 때 설골을 올리기(하악근이 고정된 상태에서)
턱을 벌리기(설골이 고정된 상태에서)
Raises hyoid bone in swallowing(when mandible is stable) or
opens the jaw (when hyoid bone is stable)

설골상근(목뿔위근) : 악설골근(턱목뿔근), 악이복근(두힘살근),
이설골근(턱끝목뿔근), 경돌설골근(붓목뿔근)
Suprahyoids : mylohyoid, digastric, geniohyoid, stylohyoid

설골하근(목뿔아래근, Infrahyoids)

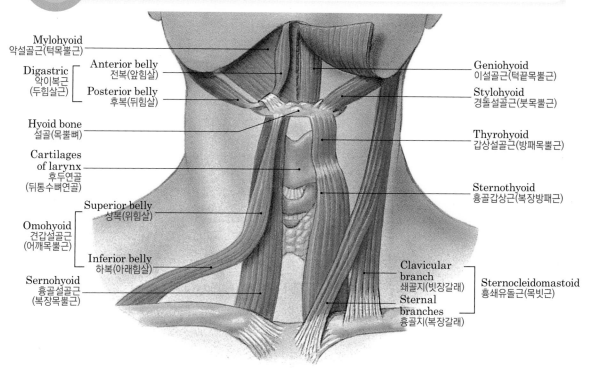

Mylohyoid
악설골근(턱목뿔근)

Digastric
악이복근
(두힘살근)

Anterior belly
전복(앞힘살)

Posterior belly
후복(뒤힘살)

Hyoid bone
설골(목뿔뼈)

Cartilages
of larynx
후두연골
(뒤통수뼈연골)

Omohyoid
견갑설골근
(어깨목뿔근)

Superior belly
상복(위힘살)

Inferior belly
하복(아래힘살)

Sernohyoid
흉골설골근
(복장목뿔근)

Geniohyoid
이설골근(턱끝목뿔근)

Stylohyoid
경돌설골근(붓목뿔근)

Thyrohyoid
갑상설골근(방패목뿔근)

Sternothyoid
흉골갑상근(복장방패근)

Clavicular
branch
쇄골지(빗장갈래)

Sternal
branches
흉골지(복장갈래)

Sternocleidomastoid
흉쇄유돌근(목빗근)

 이는곳 Origin

갑상연골, 흉골병, 견갑골 상연
Thyoid cartilage, manubrium, superior border of spcapular

 닿는곳 Insertion

설골
Hyoid bone

작 용 Action

연하 운동 시 설골을 고정하여 음식을 삼키게 한다.
Stabilizes hyoid bone in swallowing by pulling it downward

설골하근(목뿔아래근) : **갑상설골근**(방패목뿔근), **흉골갑상근**(복장방패근),
흉골설골근(복장목뿔근), **견갑설골근**(어깨목뿔근)

Infrahyoids : thyrohyoid, sternothyoid, sternohyoid, omohyoid

설골근 테이핑

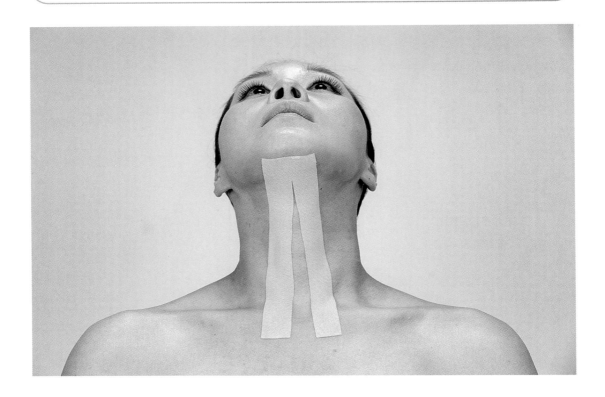

고개를 뒤로 젖힌 상태에서 Y자형 테이프 5cm×20cm를 흉골과 쇄골이 만나는 중앙에서 시작하여 턱 밑까지 좌우 대칭이 되도록 사진과 같이 테이핑한다.

TIP

기타 목 전면의 근육들과 구별짓기가 어렵기 때문에 음식을 삼키거나 침을 삼킬 때 움직이는 근육이 설골근이다.

복직근(배곧은근, Rectus Abdominis)

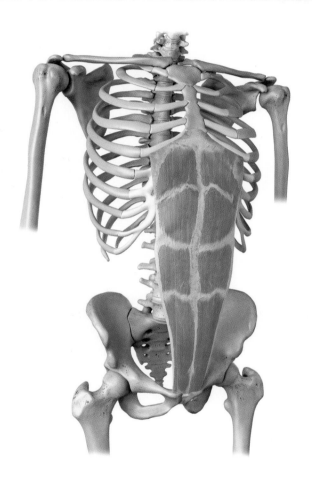

이는곳
Origin

제5~7늑연골, 흉골의 검상돌기

Costal cartilages 5~7, xiphoid process of the sternum

닿는곳
Insertion

치골

Pubis

작 용
Action

체간굴곡, 복압상승

Flexion of trunk, Compression of abdominal contents

저항성 운동 검사

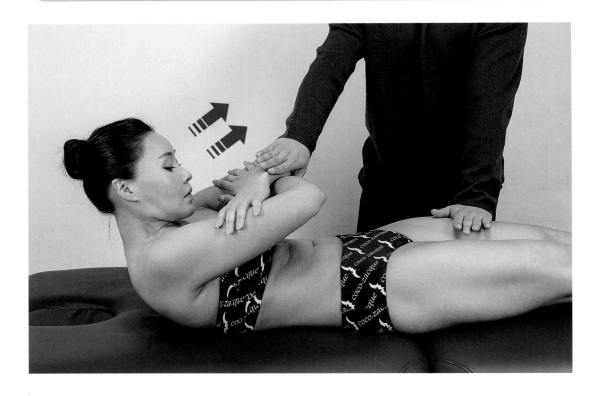

자 세

누운 자세에서 바닥과 45도 정도가 되도록 상체를 세운다(팔짱을 끼거나 손을 겹쳐 놓은 자세를 취한다).

시행자

시행자는 한 손으로 대상자의 팔을 잡고, 다른 손으로 다리를 고정시킨다.

테스트 방법

시행자는 대상자의 팔을 잡고 바닥쪽으로 눌러준다.

※ 근력이 약하다면 골반이 전방으로 빠지게 된다.

복직근 테이핑

허리를 살짝 뒤로 젖힌 상태에서 Ⅰ자형 테이프 5cm×25cm를 사진과 같이 배꼽을 중심으로 일직선으로 대칭이 되게 테이핑한다.

TIP 흉골에서 치골까지 이르는 배꼽을 중심으로 양쪽에 만져지는 근육을 복직근이라고 한다. 허리를 굽힐 때 가장 중요한 역할을 한다.

5 사각근(목갈비근, Scalenus)

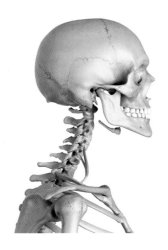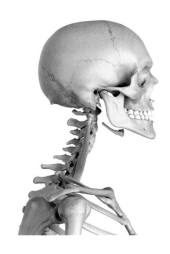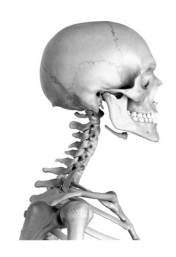

이는곳 Origin

(전사각근) 경추횡돌기 3~6
(중사각근) 경추횡돌기 2~7
(후사각근) 경추횡돌기 5~7

(anterior) Transverse process of C3-C6
(medius) Transverse process of C2-C7
(posterior) Transverse process of C5-C7

닿는곳 Insertion

제1 늑골 내측 늑연, 제1 늑골 / (후) 제2 늑골

Scalene tubercle of the first rib 1st rib / (posterior) 2st rib

작 용 Action

양측 작용 – 강하게 들숨하는 동안 제1, 2 늑골 올리기,
　　　　　　 목의 굴곡 보조
한쪽 작용 – 같은 방향으로 외측굴곡 보조

Bilaterally – raise 1, 2 ribs during forced inspiration
　　　　　　　 or assist neck flexion
Unilaterally – assist in lateral flexion to same side

저항성 운동 검사(전, 중)

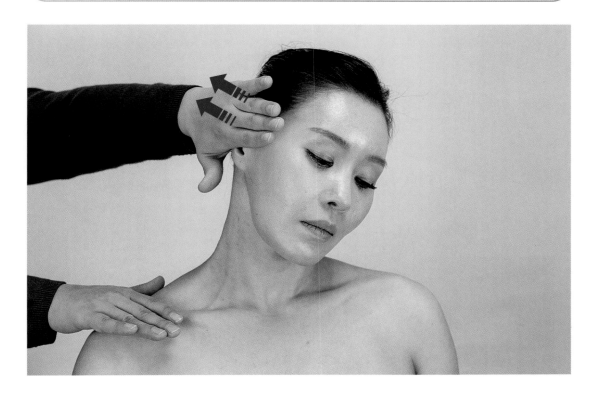

자 세

앉은 자세로 목을 약간 앞과 옆쪽 대각선으로 굴곡시킨다.

시행자

시행자는 한 손은 대상자의 머리를 잡고, 다른 손은 어깨 부분을 잡아 고정시킨다.

테스트 방법

시행자는 대상자의 머리를 외측 방향으로 밀며 눌러준다.

저항성 운동 검사(후)

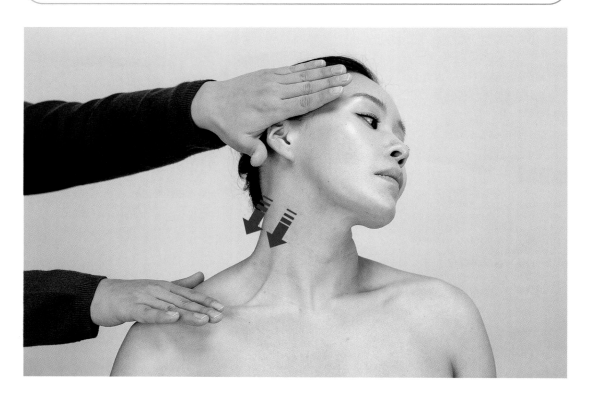

자 세
앉은 자세로 목을 약간 측후방 대각선으로 굴곡시킨다.

시행자
시행자는 한 손은 대상자의 머리를 잡고, 다른 손은 어깨 부분을 잡아 고정시킨다.

테스트 방법
시행자는 대상자의 머리를 측후방으로 밀며 눌러준다.

(전)사각근 테이핑

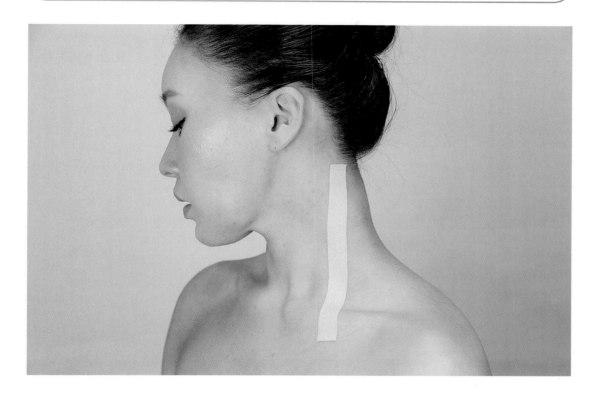

머리를 좌(우)측으로 기울인 상태에서 Ⅰ자형 테이프 2.5cm×15cm를 우(좌)측 경추 3~6번의 통증 부위에서 시작하여 목을 따라 쇄골 앞 늑골까지 테이핑한다.

TIP 목을 숙였을 때 가장 튀어나온 뼈가 경추 7번인데, 그 위에서부터 목을 옆으로 젖혀서 움푹 들어간 곳을 따라 경추 1, 2번이 붙는다.
※실제 촉진할 수 없다.

(중 / 후)사각근 테이핑

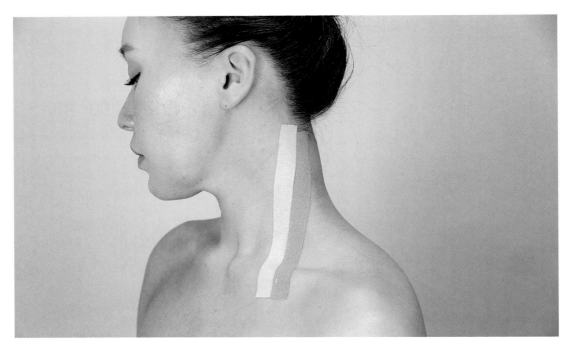

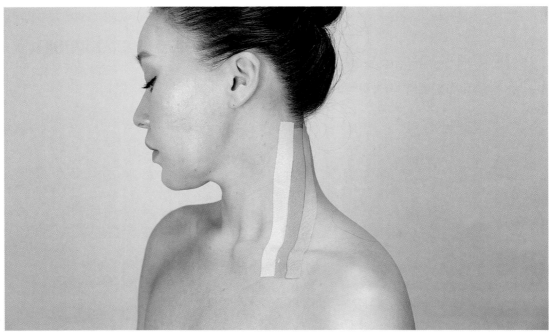

6 두판상근(머리널판근, Splenius capitis), 경판상근(목널판근, Splenius cervicis)

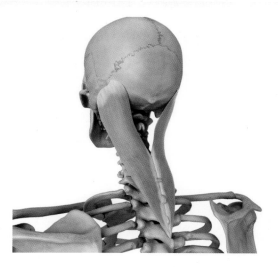

이는곳 Origin

두판상근 – 항인대, 제7경추, 제1~3흉추
경판상근 – 제3~6흉추

(Capitis) – Ligamentum nuchae, Lower vertebrae(C7),
　　　　　　　Upper Thoracic vertebrae(T1~3)
(Cervicis) – Upper thoracic vertebrae(T3~6)

닿는곳 Insertion

두판상근 – 후두골의 유양돌기
경판상근 – 제1~3경추 횡돌기

(Capitis) – Mastoid pricess and occiput bone
(Cervicis) – Upper cervical vertebrae(transverse process of C1~3)

작 용 Action

양측 작용 – 목의 신전
한쪽 작용 – 같은 방향으로 머리 회전

Bilaterally – extension of neck
Unilaterally – rotation of head to same side

저항성 운동 검사

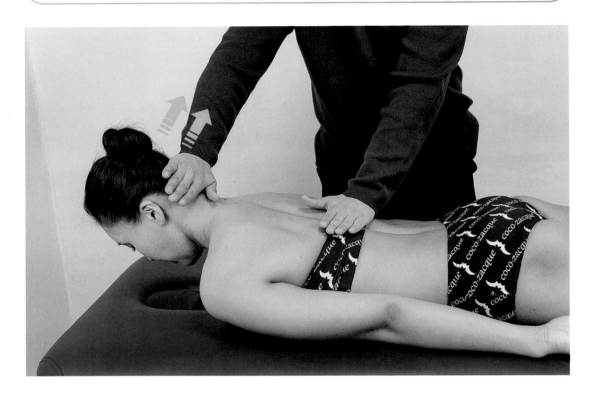

자 세

엎드린 자세에서 팔을 자연스럽게 놓고 고개를 들어 정면을 바라본다.

시행자

시행자는 한 손은 대상자의 후두부에 두고, 다른 손은 등을 눌러 고정시킨다.

테스트 방법

시행자는 대상자의 후두부를 밀어 누르고, 대상자는 이에 저항한다. 시행자는 너무 무리하게 누르지 않도록 한다.

※ 근력이 약하면 머리가 회전한다.

판상근 테이핑 ❶

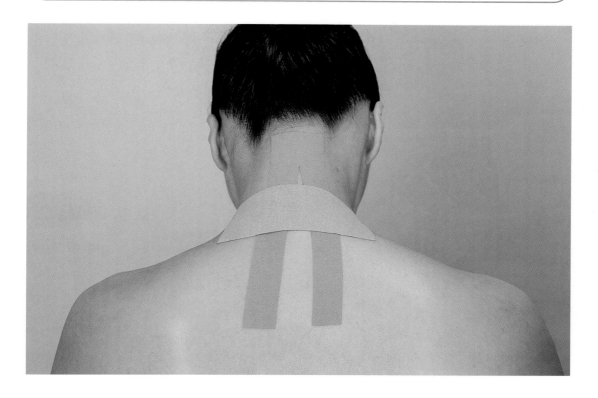

　목을 숙인 상태에서 Y자형 테이프 5cm×15cm를 후두부를 중심으로 아래쪽으로 판상근을 테이핑하고, Ⅰ자형 테이프 길이 10cm를 목뼈(경추)의 통증이 있는 부위에 가로로 '날일(日)자'로 테이핑한다.

TIP　목을 돌려 흉쇄유돌근 가장 윗부분에서 승모근 방향으로 중간 부분을 만지면 두판상근의 끝부분이 촉진된다.

판상근 테이핑 ❷

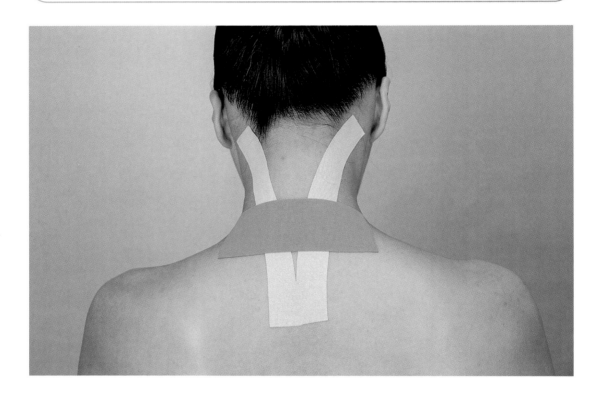

목을 앞으로 굽힌 상태에서 Y자형 테이프 5cm×15cm를 양쪽으로 귀 뒷부분(유양돌기)을 향하여 테이핑하고, 목뼈(경추)의 통증이 있는 부위는 I자형 테이프 길이 10cm를 가로로 '날일(日)자'로 테이핑한다.

TIP 목을 돌려 흉쇄유돌근 가장 윗부분에서 승모근 방향으로 중간 부분을 만지면 두판상근의 끝부분이 촉진된다.

반극근(반가시근, Semispinalis)

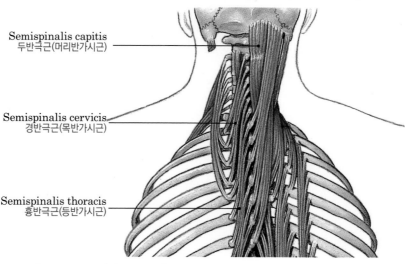

Semispinalis capitis
두반극근(머리반가시근)

Semispinalis cervicis
경반극근(목반가시근)

Semispinalis thoracis
흉반극근(등반가시근)

이는곳
Origin

두반극근 – 경추 3~ 흉추 7
경반극근 – 흉추 1~6
흉반극근 – 흉추 6~12 ※ 흉추10번으로 표기된 것도 많다.

Capitis – Cervical and Thoracic T/P(C3~T7)
Cervicis – Thoracic transverse process(T1~6)
Thoracis – Thoracic transverse process(T6~12)

닿는곳
Insertion

두반극근 – 후두골 항선
경반극근 – 경추 2~5
흉반극근 – 경추 6~흉추 4 극돌기

Capitis – Nuchal line of occipital bone
Cervicis – Cervical spinous process(C2~5)
Thoracis – Cervical and Thoracic S/P(C6~T4)

작 용
Action

양측 작용 – 척추의 신전
한쪽 작용 – 반대방향의 회전

Bilaterally – Extension of spine
Unilaterally – Rotation of opposite side

반극근 테이핑

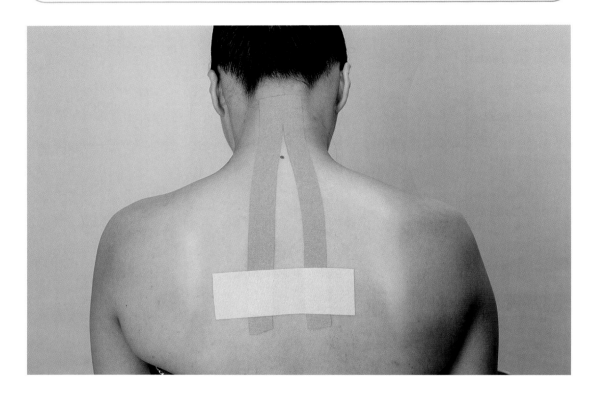

　목을 숙인 상태에서 Y자형 테이프 5cm×25cm를 후두부를 중심으로 아래 방향으로 반극근을 테이핑하고, 흉추의 통증이 있는 부위에는 I자형 테이프 길이 10cm를 가로로 '날일(日)자'로 테이핑한다.

반극근은 척주기립근보다 더 심층에 있어 촉진이 불가능하다.

8 승모근(등세모근, Trapezius)

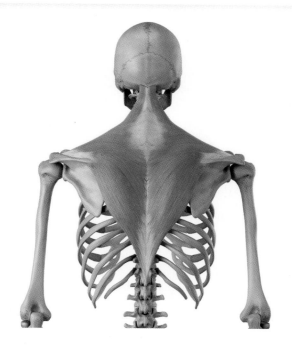

이는곳
Origin

후두골, 항인대, 제7경추와 제1~12흉추의 극돌기

Occiput, ligamentum nuchae, C7~T12(Spinous Process)

닿는곳
Insertion

상부 – 쇄골외측, 견봉
중부 – 견갑극 / 하부 – 견갑극근

Upper – lateral clavicle, acromion

Middle – spine of scapular / Lower – root of spine of scapular

작 용
Action

상부 – 견갑골 거상, 상방회전
중부 – 견갑골의 내전 및 후인
하부 – 견갑골의 하강, 상방회전

Upper – elevation, upward rotation of scapular

Middle – adduction, retraction of scapular

Lower – depression, upward rotation of scapular

저항성 운동 검사

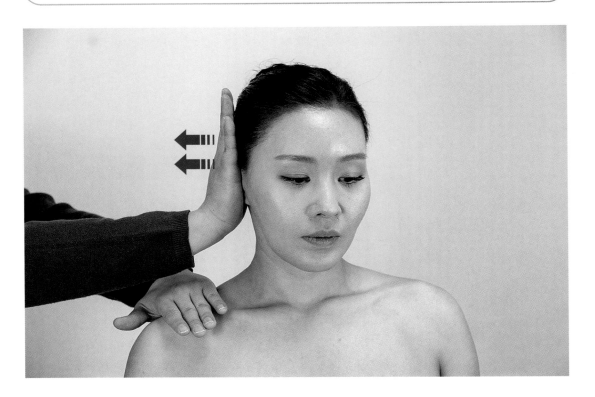

자 세

자연스럽게 앉아 있는다.

시행자

시행자는 대상자의 머리와 어깨부분을 잡아 고정시킨다.

테스트 방법

시행자는 대상자의 머리를 옆으로 밀면서 어깨는 아래로 내려준다.

※ 근력이 약하면 머리 부분이 회전한다.

(상)승모근 테이핑

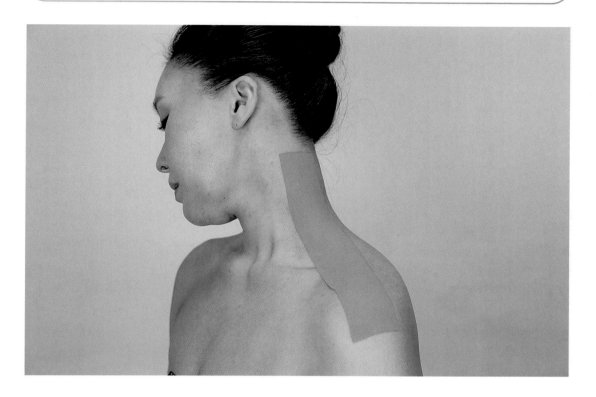

목을 측면으로 기울인 상태에서 Ⅰ자형 테이프 5cm×25cm를 목뒷덜미에서 시작하여 어깨 끝부분을 향해 테이핑한다.

TIP 상승모근은 평소 스트레스, 잘못된 자세로 인해 통증 또는 뭉침을 느낄 수 있는 부분으로 어깨라인 부분에서 촉진된다.

(중)승모근 테이핑

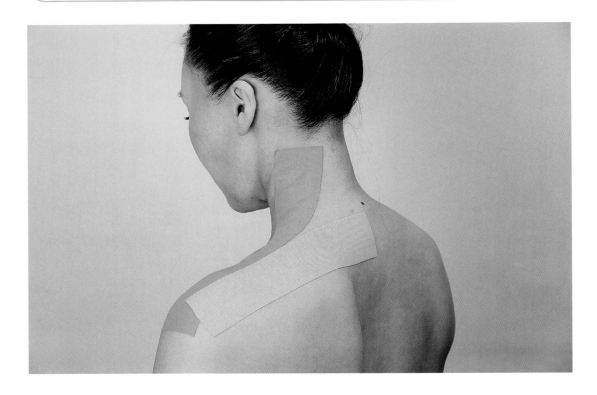

두 팔을 가슴쪽으로 모으고(팔짱) 등을 둥글게 한 다음 I 자형 테이프 5cm×20cm를 견봉돌기에서부터 시작하여 경추 7번과 흉추 상부를 향하여 테이핑한다.

(하)승모근 테이핑

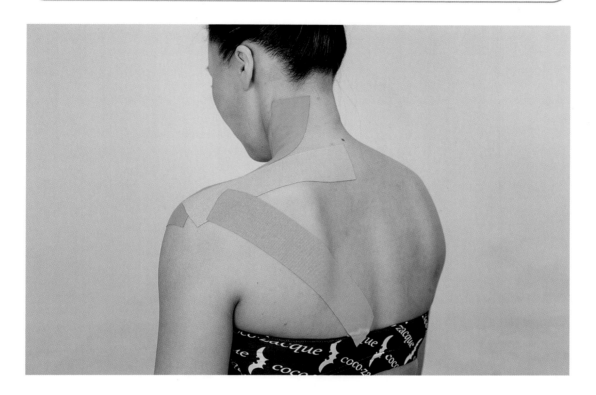

두 팔을 가슴쪽으로 모으고(팔짱) 등을 둥글게 한 다음 Ⅰ자형 테이프 5cm×30cm를 견봉돌기 밑에서부터 흉추 12번 방향으로 테이핑한다.

⑨ 견갑거근(어깨올림근, Levator Scapular)

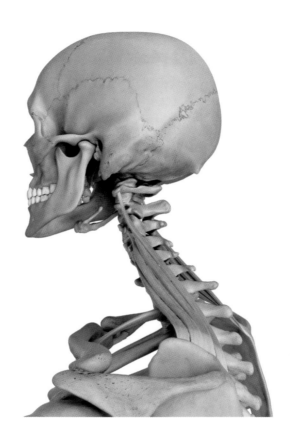

이는곳 Origin	**경추 1~4(횡돌기)** C1~4(Transverse processes)
닿는곳 Insertion	**견갑골 상각에서 견갑극근까지 견갑골 척추연** Vertebral border of scapular from superior angle to root of spine
작 용 Action	**견갑골의 거상과 하방 회전** Elevation Downward rotation of scapula

저항성 운동 검사

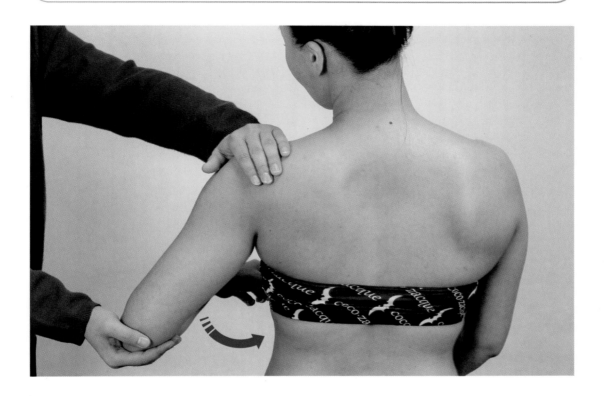

자 세

앉은 자세에서 팔꿈치를 굽혀 어깨 부분을 살짝 신전시키면서 외전시킨다. 그 상태에서 목을 외전시킨 팔 방향으로 외측 굴곡시킨다.

시행자

시행자는 한 손은 대상자의 팔꿈치를 잡고, 다른 손은 어깨를 잡아 고정한다.

테스트 방법

시행자는 대상자의 팔꿈치를 잡아 당겨 견갑골 위쪽의 회전을 본다.

※ 근력이 약하면 능형근이 개입되며 힘을 준다.

견갑거근 테이핑

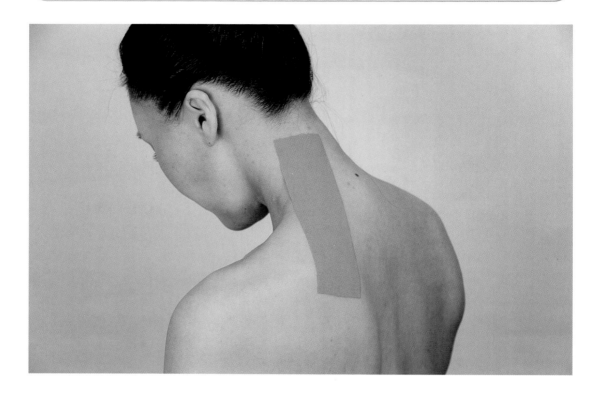

　목을 앞, 측면으로 굽힌 상태에서 I 자형 테이프 5cm×20cm를 견갑골 상각에서 경추 1~4번째 방향으로 테이핑한다.

 견갑거근은 후두부 아래 경추 횡돌기 부분에서 견갑골 상각에 붙어 있다.
※실제로 촉진할 수 없다.

10 능형근(마름근, Rhomboid Major / Minor)

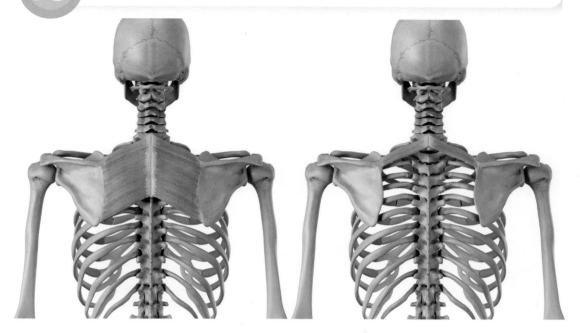

이는곳
Origin

대능형근 – 제2~5흉추(극돌기)
소능형근 – 제7경추와 제1흉추(극돌기)

Major – T2~5(Spinous processes)
Minor – C7~T1(Spinous processes)

닿는곳
Insertion

대 – 견갑극근에서 하각까지의 견갑골 척추연
소 – 견갑극근

Major – Vertebral border of scapula from root of spine to inferior
angle
Minor – Root of spine of scapula

작 용
Action

견갑골의 후인과 하방 회전

Retraction
Downward rotation of scapula

저항성 운동 검사

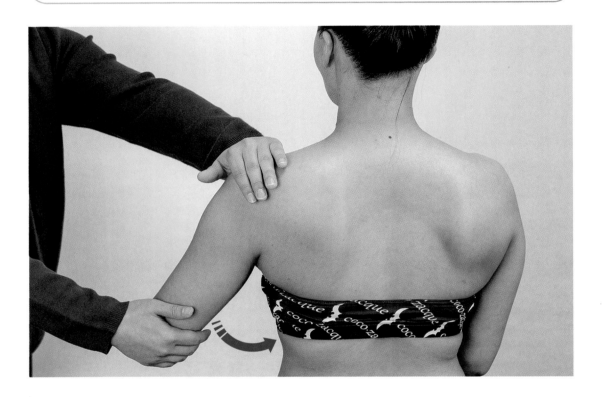

자 세

앉은 자세에서 팔꿈치를 구부려 어깨 부분을 살짝 신전시키며 외전시킨다.

시행자

시행자는 한 손은 대상자의 팔꿈치를 잡고, 다른 손은 어깨를 잡아 고정한다.

테스트 방법

시행자는 대상자의 팔꿈치를 잡아 당겨 견갑골 위쪽의 회전을 본다.

※ 근력이 약하면 견갑골의 작용 없이 팔이 외전된다.

능형근 테이핑

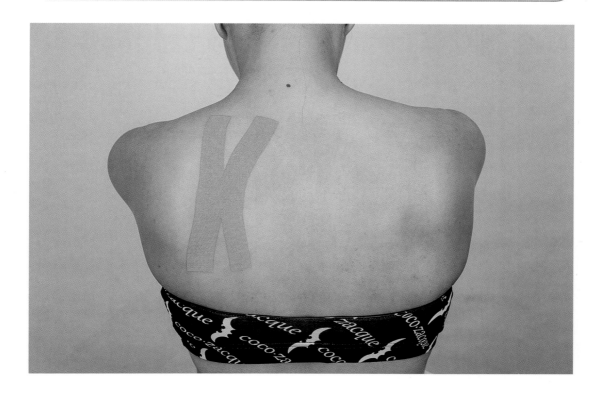

고개를 숙이고, 두 팔을 가슴쪽으로 모아(팔짱) 등을 둥글게 한 다음 X자형 테이프 5cm×15cm를 경추 7번과 견갑골 하단의 중앙에 20° 정도의 각을 두면서 대각선으로 테이핑한다.

TIP 능형근은 척추와 견갑골 사이에서 촉진할 수 있다.

▌ 목의 동작 시 통증과 관련된 작용 근육

동작	테이핑 작용 근육	비고
굴곡	1. 흉쇄유돌근(목빗근, S.C.M)	
	2. 설골근(목뿔근,Suprahyoid/Infrahyoid)	
	3. 복직근(배곧은근, Rectus abdominis)	
	4. 사각근(목갈비근, Scalenus)	
신전	1. 판상근(널판근, Splenius)	
	2. 반극근(반가시근, Semispinalis)	
	3. 상승모근(위등세모근, Upper trapezius)	
	4. 견갑거근(어깨올림근, Levator Scapular)	
	5. 능형근(마름근, Rhomboid Major / Minor)	
	6. 사각근(목갈비근, Scalenus)	

◖ 머리와 목 근육의 통증 발현점(발통점)흉쇄유돌근

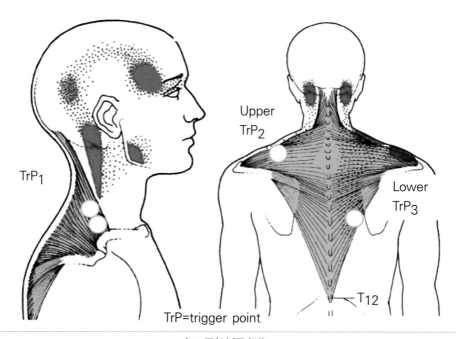

승모근(상/중/하)

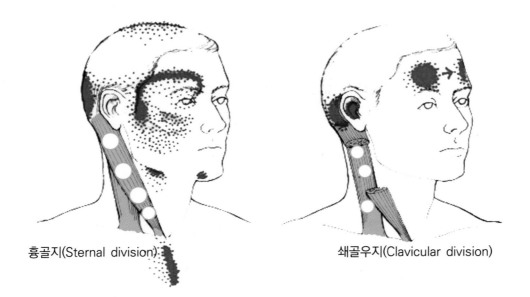

흉골지(Sternal division)   쇄골우지(Clavicular division)

흉쇄유돌근

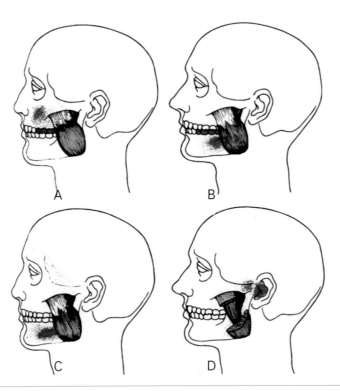

A   B

C   D

교근

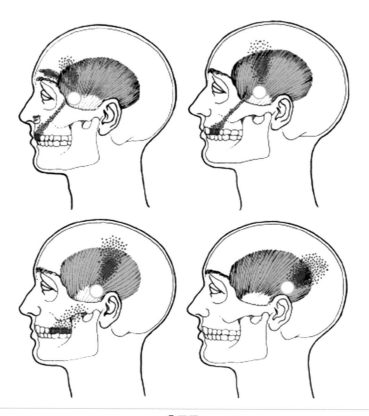

측두근

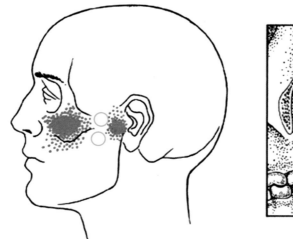

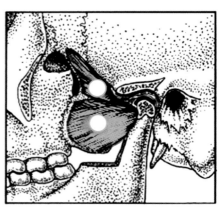

익돌근(내, 외측)

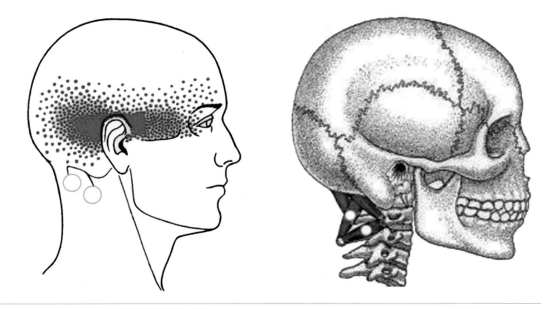

후두하근

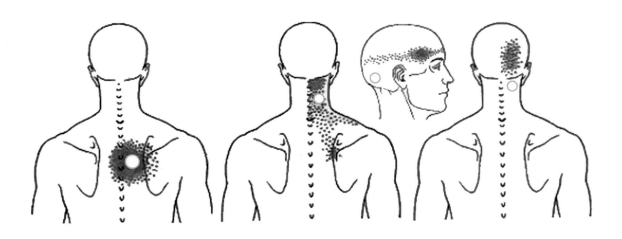

후경근

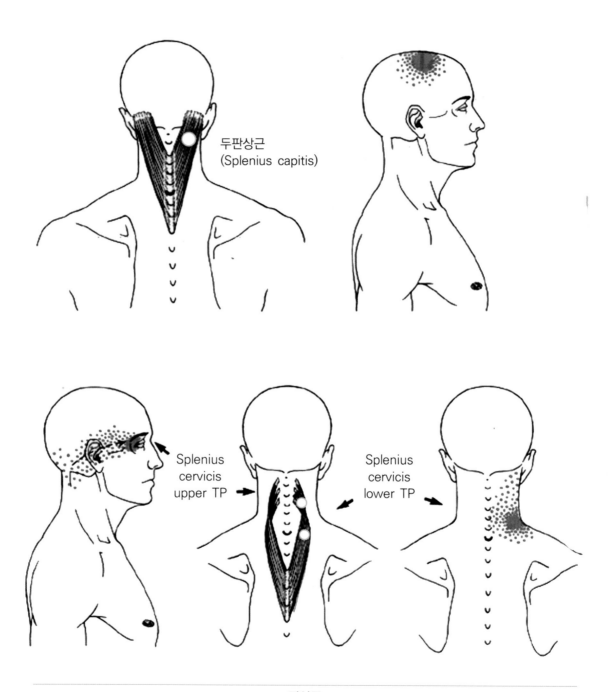

두판상근
(Splenius capitis)

Splenius
cervicis
upper TP

Splenius
cervicis
lower TP

판상근

목의 동작 시 통증과 관련된 테이핑

목을 돌리거나 기울일 때 통증

좌우로 목을 돌리지 못할 때

동작	통증 발현점	테이핑
좌측으로 돌릴 때	좌측 목의 통증	좌측 전사각근 테이핑
	우측 목의 통증	우측 전사각근 테이핑
우측으로 돌릴 때	우측 목의 통증	우측 전사각근 테이핑
	좌측 목의 통증	좌측 전사각근 테이핑

좌우로 목을 기울이지 못할 때

동작	통증 발현점	테이핑
우측으로 기울일 때	좌측 목의 통증	좌측 중사각근 테이핑
좌측으로 기울일 때	우측 목의 통증	우측 중사각근 테이핑

목을 좌측으로 돌릴 때 좌측 목의 통증 시 테이핑

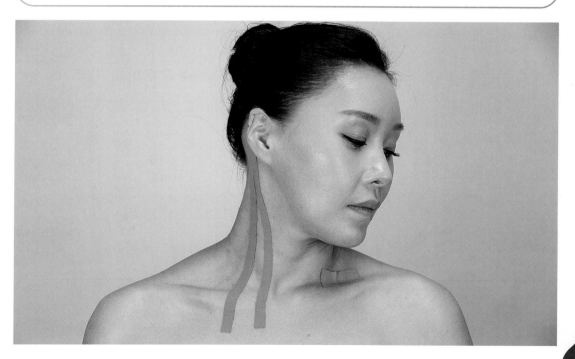

목을 좌측으로 돌릴 때 우측 목의 통증 시 테이핑

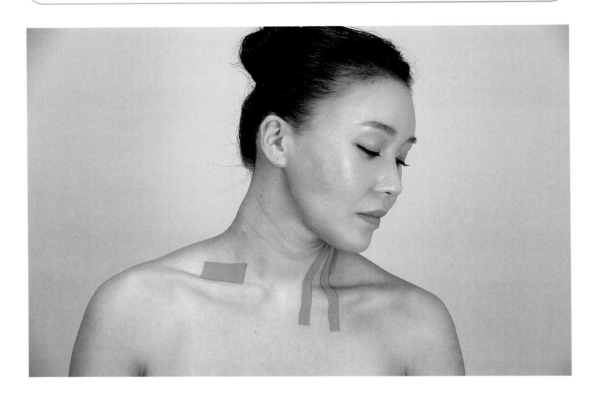

우측 사각근 테이핑과 좌측 흉쇄유돌근을 테이핑하여 통증을 줄인다. 사각근에 테이핑할 때 작게 직사각형 모양으로 잘라서 붙이는 약식 방법을 이용하면 쉽게 테이핑할 수 있다.

목을 우측으로 돌릴 때 우측 목의 통증 시 테이핑

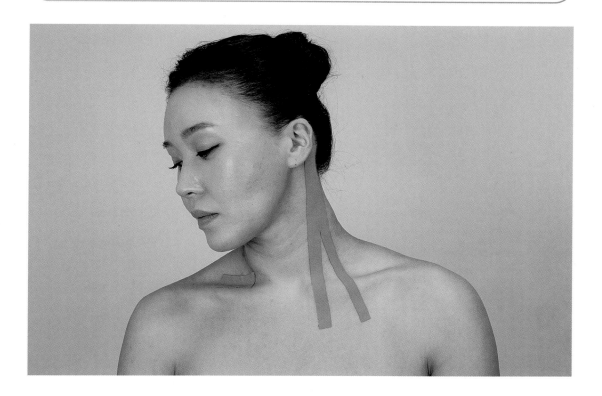

우측 사각근과 좌측 흉쇄유돌근에 테이핑하여 통증을 줄인다. 사각근에 테이핑할 때 작게 직사각형 모양으로 잘라서 붙이는 약식 방법을 이용하면 쉽게 테이핑할 수 있다.

목을 우측으로 돌릴 때 좌측 목의 통증 시 테이핑

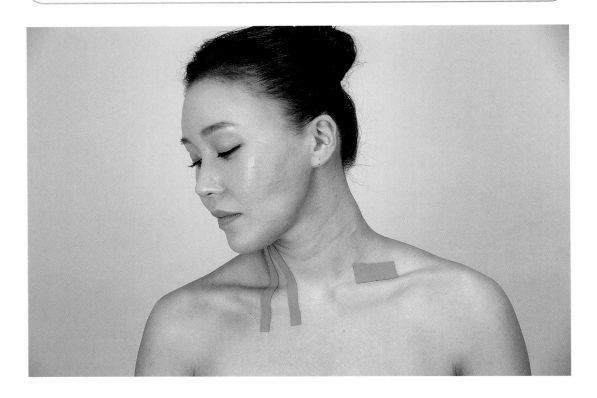

　좌측 사각근과 우측 흉쇄유돌근에 테이핑하여 통증을 줄인다. 사각근에 테이핑할 때 작게 직사각형 모양으로 잘라서 붙이는 약식 방법을 이용하면 쉽게 테이핑할 수 있다.

목을 우측으로 기울일 때 좌측 목의 통증 시 테이핑

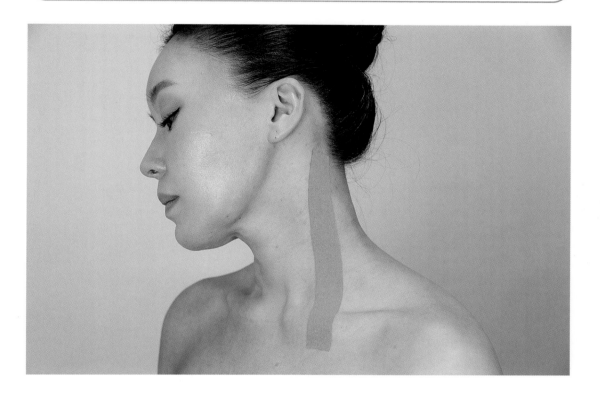

 기울이는 방향과 반대로 통증이 나는 경우 통증이 나는 방향의 사각근에 테이핑을 해 주면 통증이 경감된다.

목을 좌측으로 기울일 때 우측 목의 통증 시 테이핑

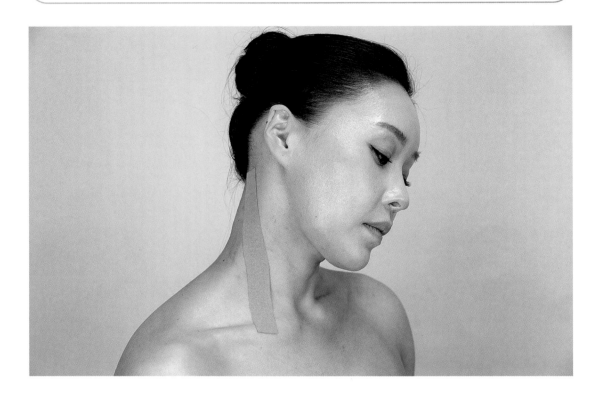

　기울이는 방향과 반대로 통증이 나는 경우 통증이 나는 방향의 사각근에 테이핑을 해 주면 통증이 경감된다.

목을 앞으로 굽히거나 뒤로 젖힐 때 통증

목을 앞으로 굽히거나 뒤로 젖히지 못할 때

동작	통증	비고
굴곡	1. 흉쇄유돌근(목빗근, Sternocleidomastoid)	
	2. 설골근(목뿔근, Suprahyoid / Infrahyoid)	
신전	1. 판상근(널판근, Splenius)	
	2. 반극근(반가시근, Semispinalis)	
	3. 상승모근(등세모근, Upper trapezius)	
	4. 견갑거근(어깨올림근, Levator Scapular)	
	5. 능형근(마름근, Rhomboid Major / Minor)	
	6. 사각근(목갈비근, Scalenus)	

목이 뻣뻣할 때

동작	통증	비고
뻣뻣함(동작 시)	1. 견갑거근(어깨올림근, Levator Scapular)	
	2. 판상근(널판근, Splenius)	
	3. 중 · 후 사각근(중간 · 뒤 목갈비근, M, P scalenus)	
	4. 흉쇄유돌근(목빗근, Sternocleidomastoid)	

목을 앞으로 굽힐 때 목의 통증 시 테이핑

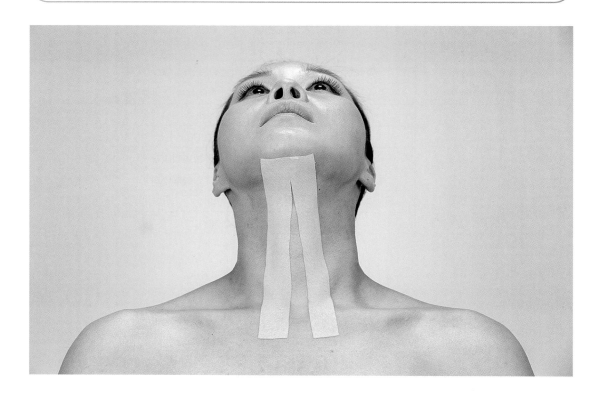

　네 가지 근육 중 하나의 근육이 좋지 않을 경우도 있고, 복합적으로 좋지 않을 경우도 있다. 이때는 먼저 5cm×20cm의 테이프를 사진과 같이 설골근에 테이핑하면 된다. 때로는 흉쇄유돌근, 사각근에 테이핑하여도 목을 굽히기가 좋다. 간혹 복직근에 이상이 있어서 목을 굽히지 못할 수도 있는데, 증상에 따라 적절한 곳에 테이핑한다.

목을 뒤로 젖힐 때 목의 통증 시 테이핑

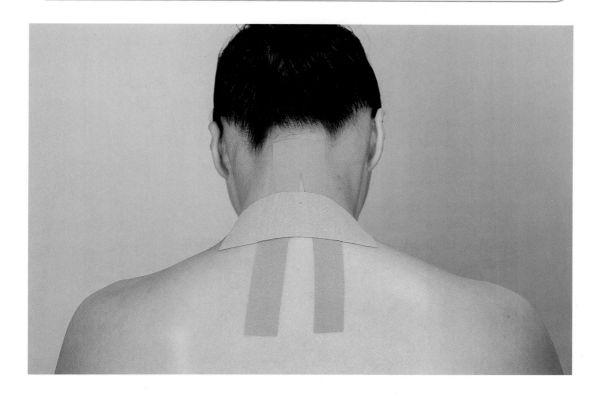

교통사고로 인해 목에 통증이 있거나 책상에 앉아 장시간 공부할 때 목결림이 있으면 Y자형 테이프 5cm×15cm를 사진처럼 판상근에 테이핑하고, 통증이 있는 목뼈(경추) 부위는 I자형 테이프 길이 10cm를 가로로 '날일(日)자'로 테이핑한다.

목이 뻣뻣할 때 테이핑

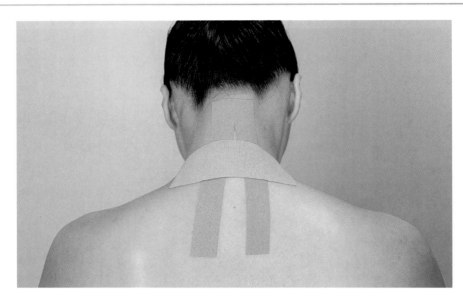

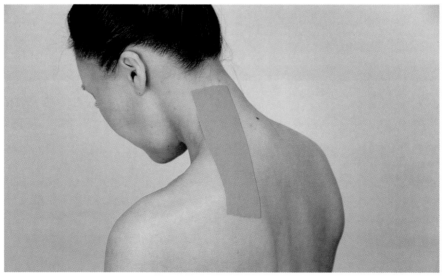

　목의 뻣뻣함을 느낄 때 견갑거근과 판상근을 테이핑하면 아주 심한 경우를 제외하곤 즉시 효과를 느낄 수 있다. 우측의 통증 시에는 위의 사진과 같이 테이핑한다. 좌측이 아플 때는 반대로 테이핑하면 된다. 이와 아울러 사각근과 견갑거근을 테이핑해도 목의 회전에 도움이 된다.

어깨 통증에 대한 테이핑

테이핑 접근 방법과 근육

▌테이핑 접근 방법

① 외전, 신전, 내전 등 통증이 발현되는 동작을 정확히 체크하고 각도를 확인해 둔다.

② 아픈 곳에만 테이핑하는 것이 아니기 때문에 동통 부위에 집착하지 않고 접촉 테스트 또는 압박 테스트를 정확히 한다.

③ 가동력이 다소 증가되더라도 무리하게 테스트하지 않는다.

④ 안정을 먼저 해결한 다음, 근육통을 접근해 나간다.

⑤ 관절과 근육을 체크한 다음, 경미한 것부터 접근해 나간다.

⑥ 접촉 테스트는 원위부에서 시작하여 어깨 근육으로 넘어간다.

⑦ 관절 근육통이 없고, 밤에만 통증이 있는 경우에는 경완증후군 테이핑을 2~3일간 반복한 다음 경과를 관찰한다.

※ 안정을 목적으로 하므로 테이프를 많이 늘리지 않고, 옷을 입을 때 테이프가 떨어지거나 말리지 않도록 주의한다.

▥ 어깨 움직임의 작용과 관련된 근육

1 삼각근(어깨세모근, Deltoid)

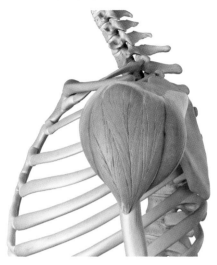

이는곳
Origin

전 - 쇄골 외측 1/3

중 - 견봉 외측

후 - 견갑극

A - lateral third of clavicle

M - lateral acromion

P - spine of scapula

닿는곳
Insertion

상완골의 삼각근 조면

Deltoid tuberosity of humerus

작 용
Action

전 - 상완골의 굴곡, 내회전, 수평내전

중 - 상완골의 90° 외전

후 - 상완골의 신전, 외회전, 수평외전

A - flexion, horizontal adduction, medial rotation of humerus

M - abduction of humerus to 90°

P - extension, horizontal abduction, lateral rotation of humerus

저항성 운동 검사(전)

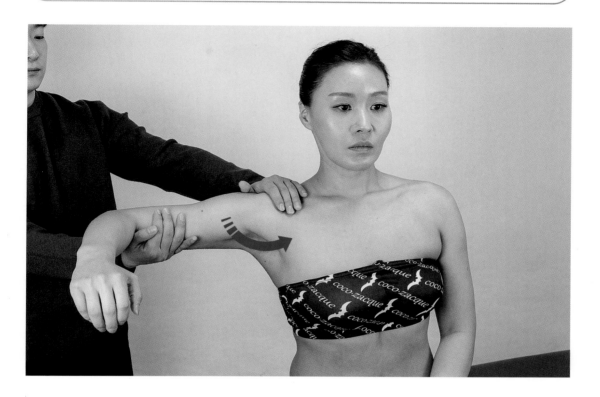

자 세

앉은 자세에서 팔꿈치를 굽혀 팔을 직각으로 들어올린다.

시행자

시행자는 한 손으로 대상자의 팔꿈치 안쪽을 잡고, 반대 손으로 어깨를 고정시킨다.

테스트 방법

시행자가 대상자의 팔을 뒤쪽으로 밀면 대상자는 이에 저항해 팔을 앞으로 당긴다.

※ 근력이 약하면 어깨가 내회전되며 몸이 앞으로 굽어지려 한다.

저항성 운동 검사(중)

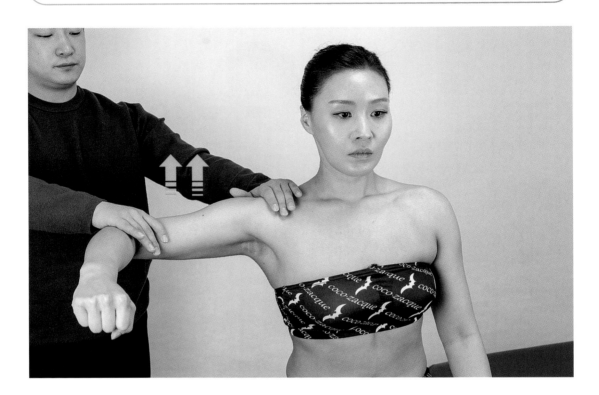

자 세

앉은 자세에서 팔꿈치를 굽혀 팔을 직각으로 들어올린다.

시행자

시행자는 한 손으로 대상자의 팔꿈치 부위를 잡고, 반대 손으로 어깨를 고정시킨다.

테스트 방법

시행자가 대상자의 팔을 아래로 누르면, 대상자는 이에 저항하여 팔을 들어 올린다.

※ 근력이 약하면 어깨가 올라가거나 몸이 검사받는 반대 방향으로 외측 굴곡된다.

저항성 운동 검사(후)

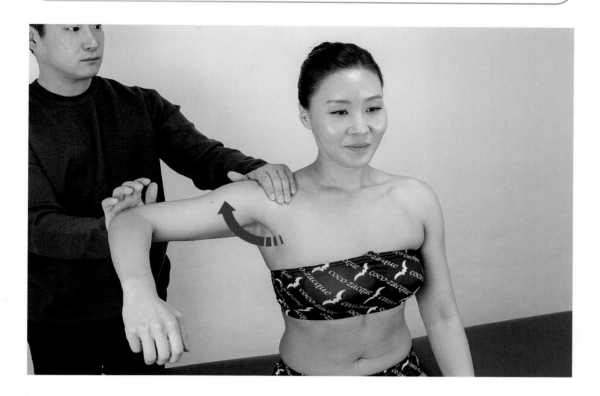

자 세

앉은 자세에서 팔꿈치를 굽혀 팔을 직각으로 들어올린다.

시행자

시행자는 한 손으로 대상자의 팔꿈치 뒷부분을 잡고, 반대 손으로 어깨를 고정시킨다.

테스트 방법

시행자가 대상자의 팔을 앞쪽으로 밀면 대상자는 이에 저항해 팔을 뒤쪽으로 당긴다.

※ 근력이 약하면 어깨가 외회전되거나 올라간다.

삼각근 테이핑

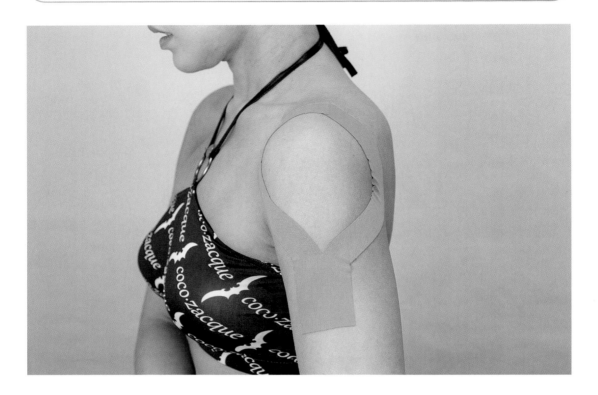

차렷 자세에서 Y자형 테이프 5cm×20cm를 견봉의 중심에서 시작하여 팔을 신전시켜 가슴을 내밀게 하여 전면 삼각근 방향으로 붙이고, 다른 Y자형 테이프 5cm×20cm는 팔을 가슴쪽으로 모아 등을 둥글게 하고 견봉에서 후면 삼각근 방향으로 사진과 같이 테이핑한다.

TIP

삼각근은 어깨 전체를 삼각형 모양으로 덮고 있다.

2 대흉근(큰가슴근, Pectoralis major)

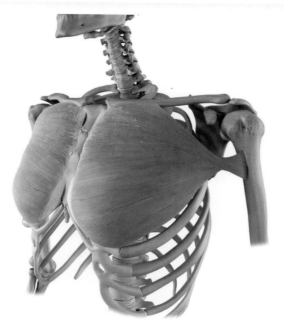

이는곳 / Origin

쇄골두 – 쇄골 내측1/2
흉골두 – 흉골, 제1~6 늑연골
Clavicular head – medial half of clavicle
Sternal head – sternum, cartilages of upper 1~6 ribs

닿는곳 / Insertion

상완골 이두근구의 외측순연
Lateral lip of bicipital groove of humerus

작 용 / Action

상완골의 내회전, 내전, 수평내전
쇄골두 – 상완골 굴곡
흉골두 – 상완골 굴곡자세에서 신전
Adduction, horizontal adduction and medial rotation of humerus
C H – flexion of humerus
S H – extension of humerus from a flexed position

저항성 운동 검사

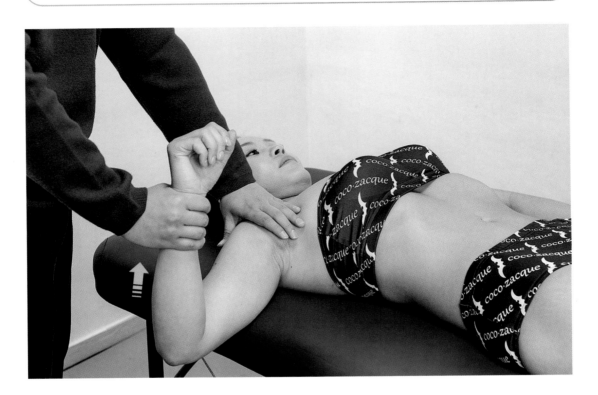

자 세

누운 자세에서 팔을 땅과 직각이 되도록 들어올린다.

시행자

시행자는 한 손으로 대상자의 손목을 잡고, 다른 손으로 어깨를 고정시킨다.

※ 시행자가 잡기 힘들 경우 손바닥을 편 상태로 검사한다.

테스트 방법

시행자가 대상자의 팔을 바깥쪽으로 밀면 대상자는 이에 저항한다.

※ 근력이 약하면 팔꿈치가 굽혀지거나 몸이 회전된다.

대흉근 테이핑

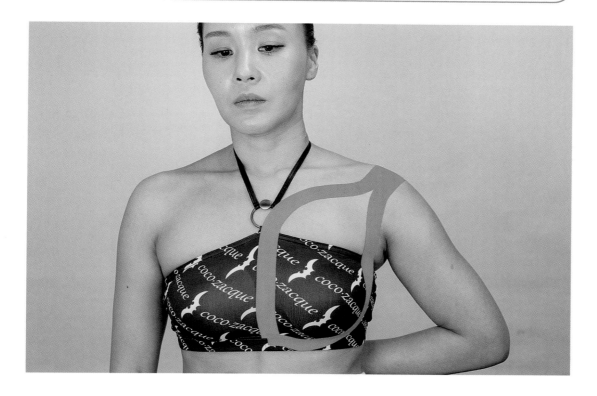

가슴을 활짝 펴고 팔을 뒤로 돌려서 Y자형 테이프 5cm×25cm를 상완골두(팔과 앞가슴이 닿는 곳)에서 시작하여 젖가슴을 감싸듯이 테이핑한다.

TIP 액와(겨드랑이) 전면부에서부터 가슴 라인이 대흉근이다.

3 오훼완근 (부리위팔근, Coracobrachialis)

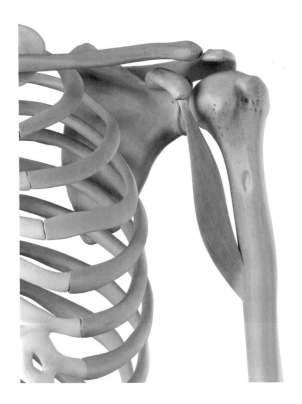

이는곳
Origin

견갑골의 오훼돌기
Coracoid process of scapula

닿는곳
Insertion

상완골체 중부의 내측 가장자리
Middle of medial border of humeral shaft

작 용
Action

상완골의 굴곡, 내전
Flexion, adduction of humerus

오훼완근 테이핑

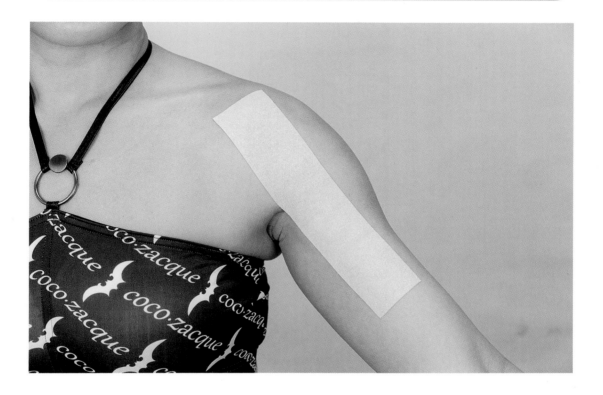

　가슴을 활짝 펴고 팔을 신전시켜서 I자형 테이프 5cm×15cm를 견갑골의 오훼돌기에서 시작하여 팔의 내측부 중앙 위치에 테이핑한다.

4 상완이두근 (위팔두갈래근, Biceps brachii)

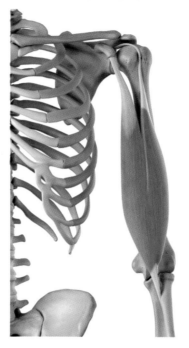

이는곳
Origin

단두 – 견갑골의 오훼돌기
장두 – 견갑골의 관절상결절

Short head – coracoid process of scapula

Long head – supraglenoid tubercle of scapula

닿는곳
Insertion

요골 조면

tuberosity of radius

작 용
Action

주관절의 굴곡
전완 회외
단두 – 상완골의 굴곡

Flexion of elbow

Supination of forearm

Short head – flexion of humerus

저항성 운동 검사

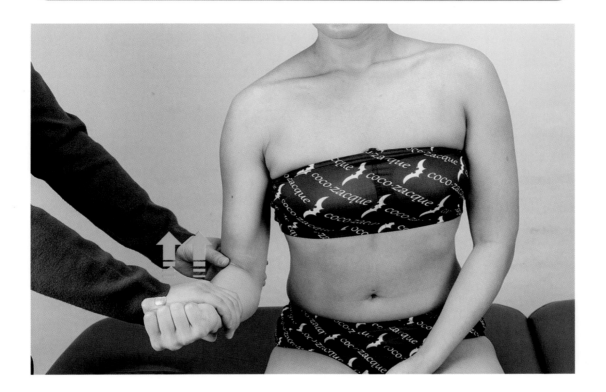

자 세

앉은 자세에서 팔을 외회전시키고, 팔꿈치는 직각으로 구부린다.

시행자

시행자는 한 손으로 대상자의 손목을 잡고, 다른 손으로 팔꿈치를 고정시킨다.

테스트 방법

시행자가 대상자의 팔꿈치를 펴는 방향으로 밀면 대상자는 이에 저항한다.

※ 근력이 약하면 전완이 내회전한다.

상완이두근 테이핑

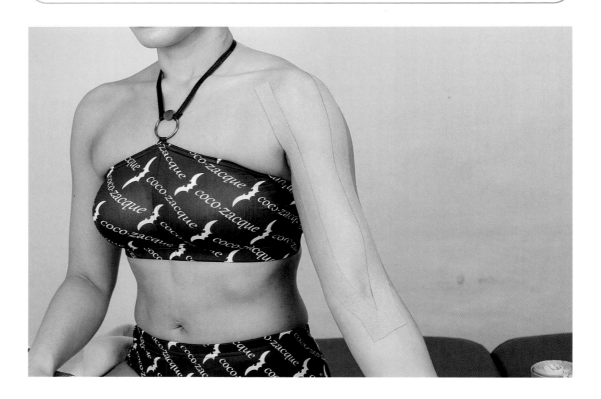

팔을 앞으로 쭉 편 상태에서 Y자형 테이프 5cm×30cm를 팔꿈치 내측(주관절) 요골 조면에서 시작해 팔의 앞쪽 내측을 향해 붙이고, 다른 Y자형 테이프 5cm×30cm는 팔의 앞쪽 어깨 방향으로 테이핑한다.

TIP 상완이두근에서 이두는 2개의 머리를 의미하며, 상완(Brachium)은 팔을 의미하는 라틴어이다.

5 대원근(큰원근, Teres major)

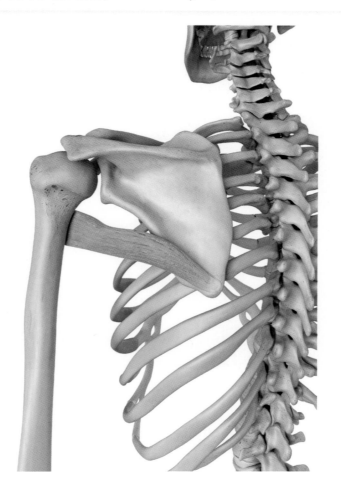

이는곳 **Origin**	**견갑골의 하각** Inferior angle of scapula	

이는곳 Origin
견갑골의 하각
Inferior angle of scapula

닿는곳 Insertion
상완골 이두근구의 내측순연
medial lip of bicipital groove of humerus

작 용 Action
상완골의 신전, 내전, 내회전
Extension medial rotation and adduction of humerus

저항성 운동 검사

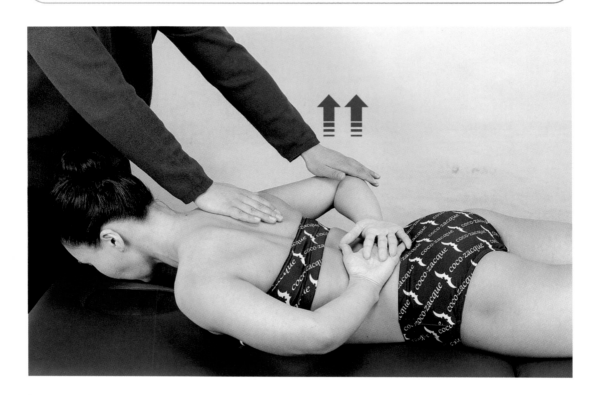

자 세

엎드린 자세에서 팔을 뒤로 신전시키고, 팔꿈치는 굽혀 열중쉬어 자세를 취한다.

시행자

시행자는 대상자의 팔꿈치를 잡는다.

테스트 방법

시행자는 대상자의 팔꿈치를 아래로 누른다. 테스트할 때는 한쪽씩 따로 검사한다.

※ 근력이 약하면 어깨가 상승되거나, 손목을 신전시켜 올린다.

대원근 테이핑

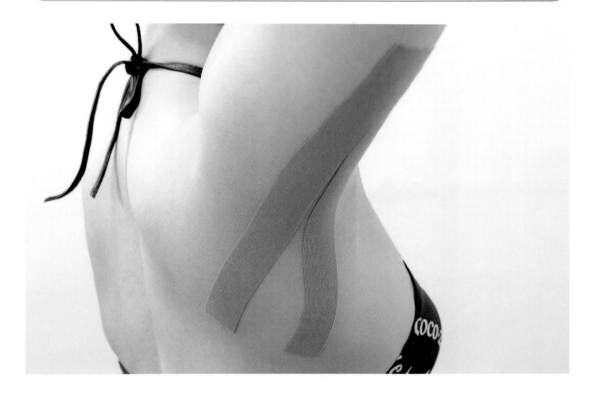

팔을 올리고 Y자형 테이프 5cm×25cm를 상완골(팔 안쪽부분) 내측순연에서 견갑골 하각으로 테이핑한다.

 **TIP** 대원근은 견갑골 하각에서 광배근 정지부 바로 위에 촉진된다.
광배근과 같이 액와(겨드랑이) 후면을 형성한다.

6 소원근(작은원근, Teres minor)

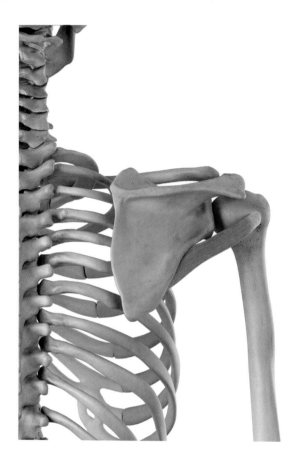

이는곳 Origin	견갑골의 액와연 상부 Upper axillary border of scapula	
닿는곳 Insertion	상완골의 대결절 Greater tubercle of humerus	
작 용 Action	상완골의 신전, 외회전 Lateral rotation extension of humerus	

저항성 운동 검사

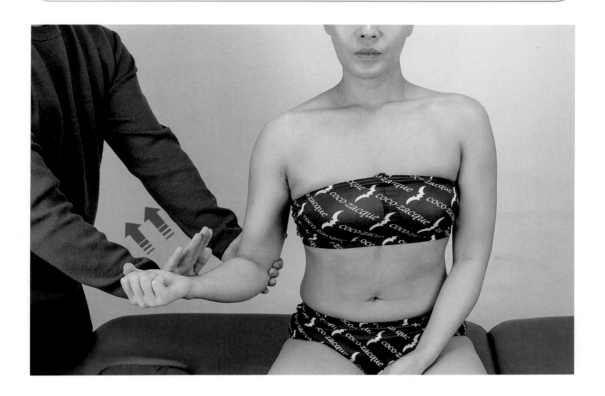

자 세

앉은 자세에서 팔꿈치를 직각이 되게 구부린다.

시행자

시행자는 한 손으로 대상자의 팔꿈치를 고정하고, 다른 손으로 손목을 잡는다.

테스트 방법

시행자가 팔을 외회전시키면 대상자는 이에 저항한다.

※ 근력이 약하면 팔꿈치가 굽혀지거나 펴진다.

소원근 테이핑

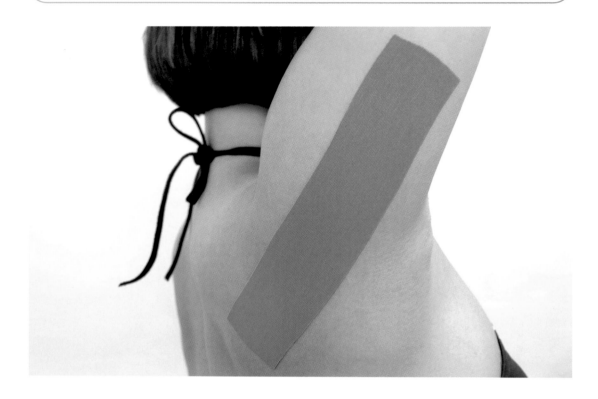

I자형 테이프로 상완골 대결절에서 견갑골 측면을 따라서 하각 방향으로 테이핑한다.

TIP
회전근개(Rotator cuff)는 소원근을 포함하여 극상근, 극하근, 견갑하근
총 4개의 근육으로 이루어져 있다.
※ 어깨 안정성과 움직임에 중요한 역할을 한다.

광배근(넓은등근, Latissimus dorsi)

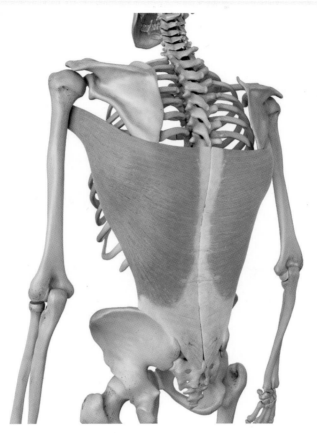

이는곳
Origin

제7흉추에서 장골능까지의 흉요건막
하부 제3 또는 4 늑골 견갑골의 하각

Thoracolumbar aponeurosis from T7 to iliac crest,
lower 3 or 4 ribs, inferior angle of scapula

닿는곳
Insertion

상완골의 이두근구

Bicipital groove of humerus

작 용
Action

상완골의 내전과 내회전, 신전

Extension medial rotation and adduction of humerus

저항성 운동 검사

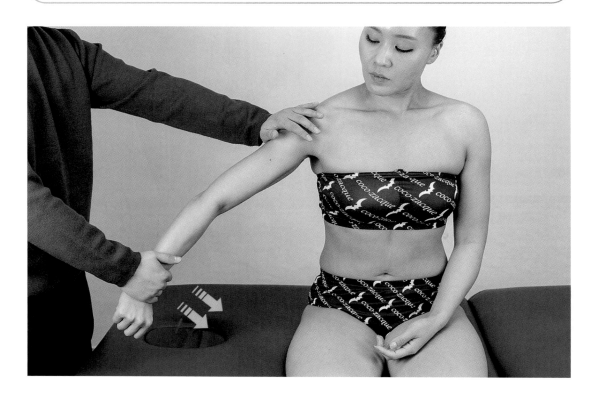

자세

서 있거나 누운 자세에서 팔을 자연스럽게 내려 내회전시킨다.

시행자

시행자는 한 손으로 대상자의 어깨 또는 몸을 고정하고, 다른 손은 내회전시킨 팔을 잡는다.

테스트 방법

시행자가 팔을 외전시키면 대상자는 이에 저항한다.

※ 근력이 약하면 팔꿈치가 굽혀지거나 어깨가 상승한다.

광배근 테이핑

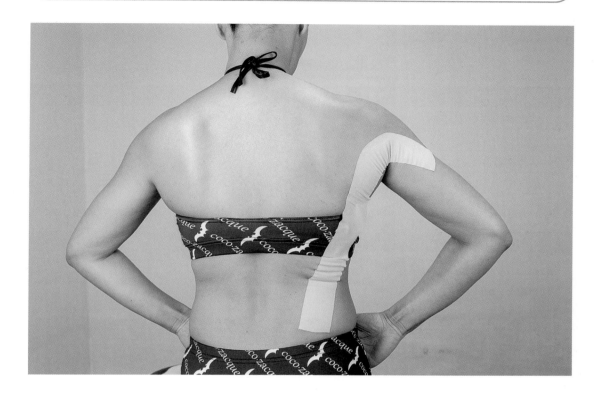

　허리를 앞으로 굽힌 상태에서 준비한 I자형 테이프 5cm×45cm 2개를 오른쪽 천골 또는 장골능에서 시작하여 우측 방향 요추근에, 다른 I자형 테이프 5cm×45cm는 흉추근 하부를 지나서 상완골 안쪽으로 테이핑한다.

TIP 액와(겨드랑이) 후면부 방향에서 흉곽 후면, 장골능까지 촉진한다.
※ 광배근은 팔을 강력하게 신전시키는 역할을 한다.

8 상완삼두근(위팔세갈래근, Triceps brachii)

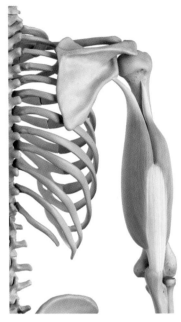

이는곳
Origin

장두 – 견갑골의 관절하 결절
외측두 – 상완골 후면의 나선구 상부
내측두 – 상완골 후면의 나선구 하부

Long head – infraglenoid tubercle of scapula
Lateral H – posterior humerus above spiral groove
Medial H – posterior humerus below spiral groove

닿는곳
Insertion

척골의 주두돌기
Olecranon process of ulna

작 용
Action

주관절의 신전
장두 – 상완골의 신전
Extension of elbow
Long head – extension of humerus

저항성 운동 검사

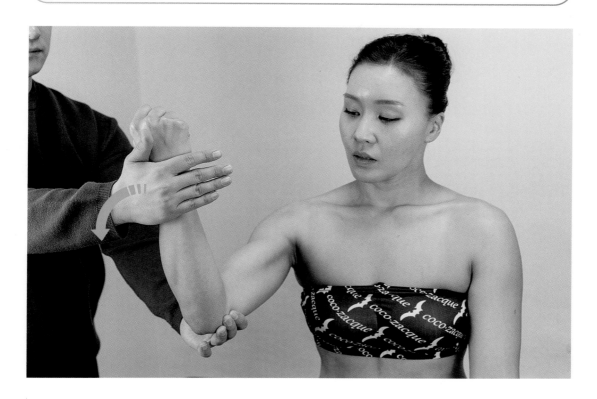

자 세

앉은 자세에서 팔꿈치를 45° 정도 굽히고, 어깨는 조금 굽힌다.

시행자

시행자는 한 손으로 대상자의 팔꿈치를 고정하고, 다른 손으로 손목을 잡는다.

테스트 방법

시행자가 팔꿈치를 굽히도록 힘을 주면 대상자는 굽혀지지 않도록 저항한다.

상완삼두근 테이핑

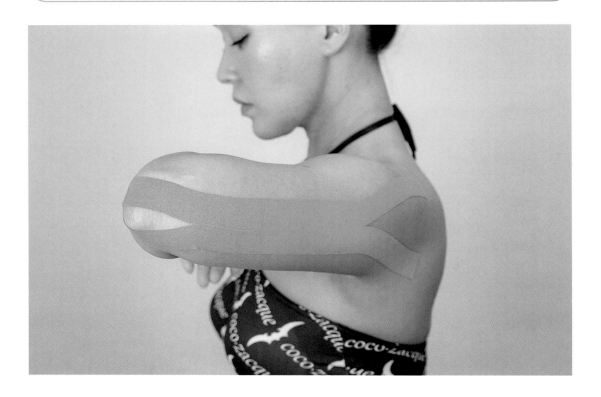

　팔꿈치를 굽힌 상태에서 수평내전하면 준비한 X자형 테이프 5cm×30cm를 팔꿈치(주관절)를 감싸듯이 시작해 어깨의 후면 액와(겨드랑이) 방향으로 붙이고, 다른 X자형 테이프 5cm×30cm는 어깨의 후면 외측 방향으로 테이핑한다.

상완골의 후면과 외측표면에서 촉진된다.
※ 상완삼두근은 팔꿈치를 폈을 때 상완골 후면부에 힘이 들어가는 근육이다.

9 견갑하근(어깨밑근, Subscapularis)

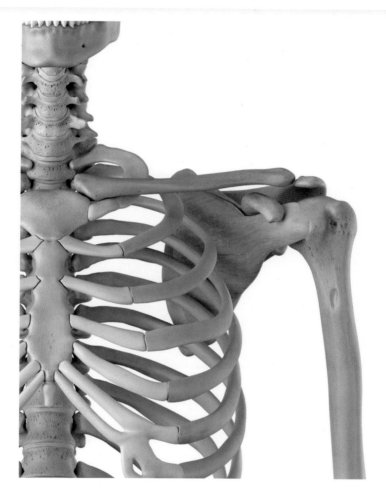

이는곳 Origin
견갑골의 견갑하와
Subscapular fossa of scapula

닿는곳 Insertion
상완골의 소결절
Lesser tubercle of humerus

작 용 Action
상완골의 내회전
Medial rotation of humerus

저항성 운동 검사

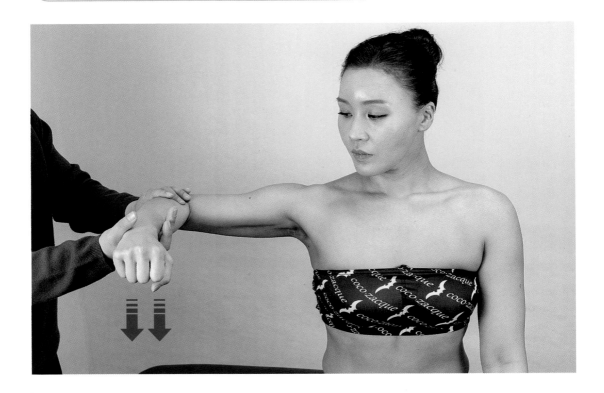

자 세

앉은 자세에서 어깨부분의 팔을 직각으로 들고, 팔꿈치도 직각으로 만든다.

시행자

시행자는 한 손은 대상자의 손목을 잡고, 다른 손은 팔꿈치를 잡아 고정한다.

테스트 방법

시행자가 대상자의 손목을 잡아 팔이 외회전하는 방향으로 힘을 주면 대상자는 이에 저항한다.

※ 근력이 약하면 상완골의 위치가 변하거나, 팔꿈치가 굽혀지거나, 펴진다.

견갑하근 테이핑

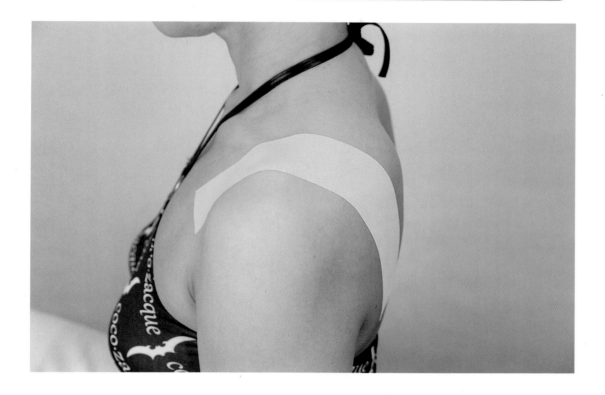

I자형 테이프로 팔(어깨)을 외전하여 수평인 상태로 들어올려 상완골 소결절(앞면)에서 견갑골 후면을 따라 어깨를 감싸듯이 테이핑한다.

TIP 회전근개(Rotator cuff)는 소원근을 포함하여 극상근, 극하근, 견갑하근 총 4개의 근육으로 이루어져 있다.
※ 어깨 안정성과 움직임에 중요한 역할을 한다.

10 소흉근 (작은가슴근, Pectoralis minor)

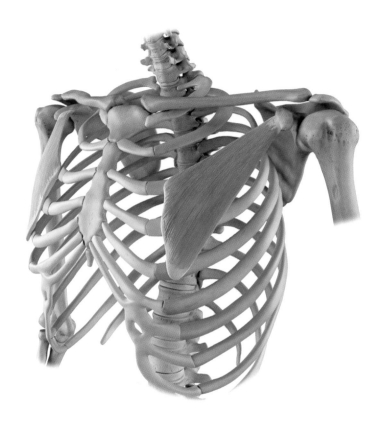

이는곳 Origin	제3~5 늑골 전면	Anterior 3~5ribs
닿는곳 Insertion	견갑골의 오훼돌기	Coracoid process of scapula
작용 Action	견갑골의 전인, 하강, 하방회전	Protraction, depression, downword rotation of scapula

저항성 운동 검사

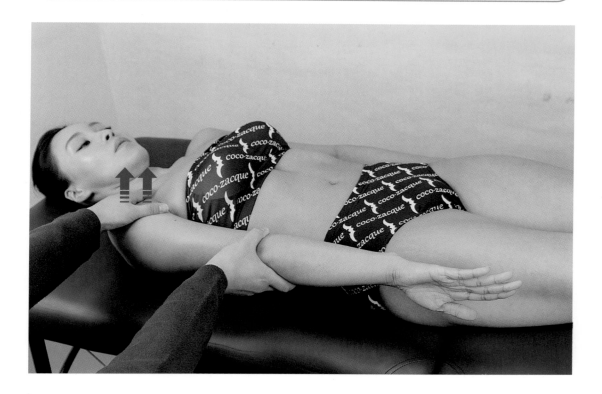

자 세

누운 자세에서 팔을 옆구리에 붙이고 눕는다.

시행자

시행자는 한 손은 대상자의 어깨를 잡고, 다른 손은 팔을 잡아 고정시킨다.

테스트 방법

시행자가 대상자의 어깨를 누르면 대상자는 이에 저항하여 어깨를 들어올린다.

※ 근력이 약하면 전완이 개입된다.

소흉근 테이핑

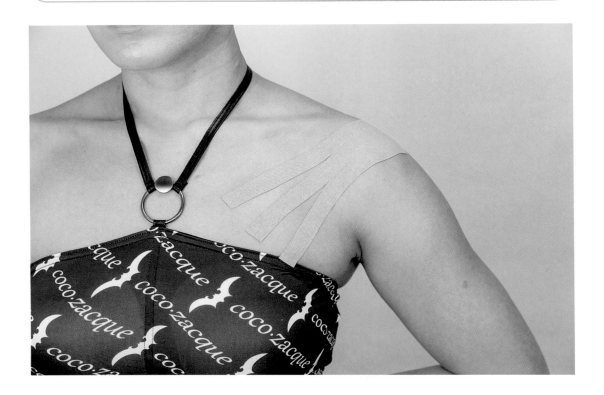

    가슴을 활짝 펴게 한 다음 붙이고자 하는 쪽의 팔을 뒤로 당기면서 지선형 테이프 5cm×20cm를 앞가슴 쇄골측(견봉에서 5cm 정도 가슴 방향)에서 시작하여 유두(젖꼭지)를 향해 25° 각도로 테이핑한다.

전거근(앞톱니근, Serratus anterior)

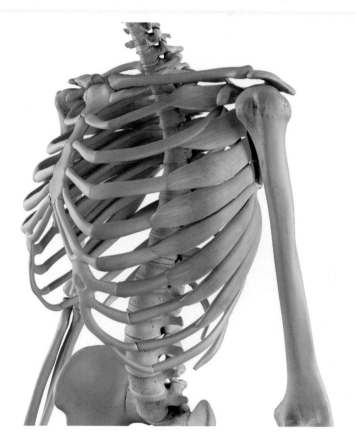

이는곳
Origin

상부 9 늑골(제1~9 늑골)의 외측면
Outer surface of upper 9 ribs

닿는곳
Insertion

견갑골 척추연
vertebral border of scapula

작 용
Action

견갑골의 전인, 상방회전,
흉벽에 견갑골 고정
Protraction, upward rotation of scapula,
stabilizes scapula against chest wall

저항성 운동 검사

자세

앉은 자세에서 팔을 앞으로 뻗는다.

시행자

시행자는 한 손으로 대상자의 팔을 잡고, 다른 손은 견갑을 잡아 고정시킨다.

테스트 방법

시행자가 대상자의 팔을 후인시키면 대상자는 이에 저항한다. 이후 같은 자세에서 위
아래로 움직이면서 견갑골의 움직임을 확인한다.

전거근 테이핑

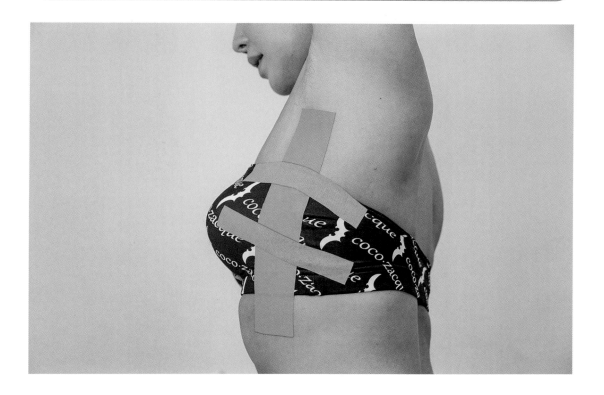

팔을 올리고 겨드랑이 밑에서부터 Ⅰ자형 테이프 5cm×20cm를 5° 정도 경사지게 앞가슴 방향으로 세로로 테이핑한다. 이후 가로방향으로 Ⅰ자형 테이프 5cm×10cm 2개를 가로로 테이핑하여 고정한다.

 **TIP** 전거근은 늑골의 외측면 겨드랑이 아래쪽에서 촉진된다.

12 극상근 (가시위근, Supraspinatus)

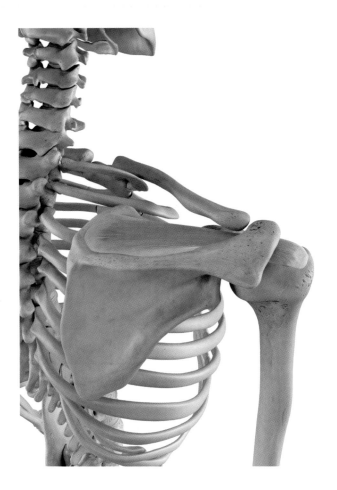

이는곳 Origin
견갑골의 극상와
Suprasinous fossa of scapula

닿는곳 Insertion
상완골의 대결절
Greater tubercle of humerus

작 용 Action
외전운동이 시작되면 상완골두 고정
Stabilize head of humerus to initiate abduction

저항성 운동 검사

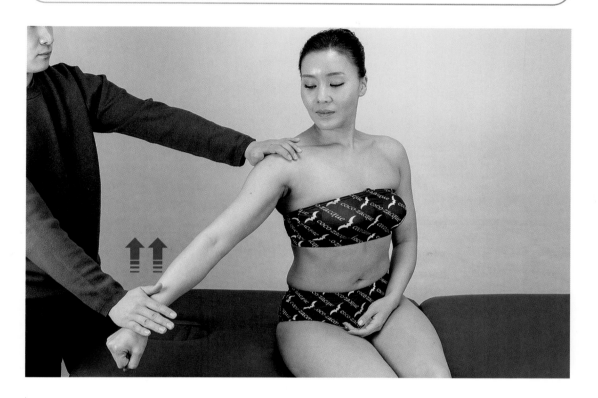

자세

앉은 자세에서 팔을 외전시켜 벌린다.

시행자

시행자는 한 손으로 대상자의 팔을 잡고, 다른 손은 어깨를 잡아 고정시킨다.

테스트 방법

시행자가 대상자의 팔을 내전시키면 대상자는 이에 저항한다.

※ 근력이 약하면 어깨가 상승한다.

극상근 테이핑

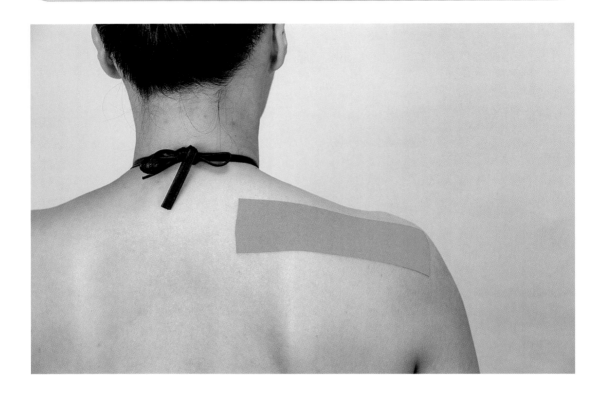

상완골 대결절 윗부분에서부터 I자형 테이프 5cm×15cm를 견갑골의 극을 중심으로 윗쪽 방향으로 이어서 테이핑한다.

 **TIP** 극상근은 견갑극을 중심으로 위쪽 부분에서 촉진된다.

13 극하근(가시아래근, Infraspinatus)

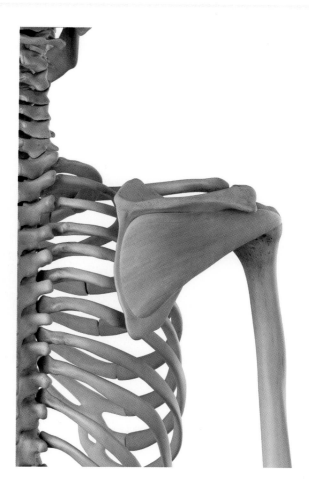

이는곳
Origin

견갑골의 극하와
Infraspinous fossa of scapula

닿는곳
Insertion

상완골의 대결절(중간면)
Greater tubercle of humerus(middle facet)

작 용
Action

상완골 외회전, 신전
Lateral rotation and extension of humerus

저항성 운동 검사

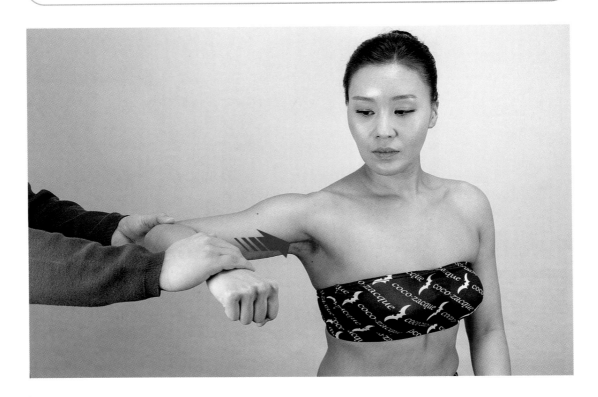

자세

앉은 자세에서 어깨와 팔꿈치를 직각으로 만든다.

시행자

시행자는 한 손으로 대상자의 손목을 잡고, 다른 손은 팔꿈치를 잡아 고정시킨다.

테스트 방법

시행자가 대상자의 팔을 내회전시키면 대상자는 이에 저항한다.

※ 근력이 약하면 상완골의 위치가 바뀌거나, 팔꿈치를 굴곡하거나 신전시킨다.

극하근 테이핑

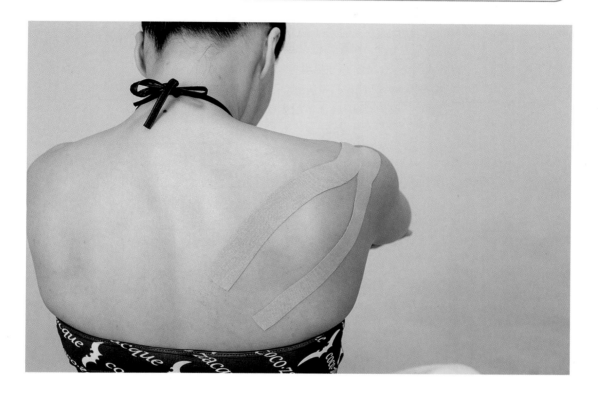

상완골 대결절 중간부분에서부터 Y자형 테이프 5cm×20cm를 견갑골의 극을 중심으로 아랫쪽 방향을 따라 하각으로 이어서 테이핑한다.

 **TIP** 극하근은 견갑극을 중심으로 아래쪽 부분에서 촉진된다.

▓ 어깨의 동작 시 통증과 관련된 작용 근육

동작	테이핑 작용 근육	비고
굴곡	1. 삼각근(어깨세모근, Deltoid)	
	2. 대흉근(큰가슴근, Pectoralis major)	
	3. 오훼완근(부리위팔근, Coracobrachialis)	
	4. 상완이두근(위팔두갈래근, Biceps brachii)	
신전	1. 삼각근(어깨세모근, Deltoid)	
	2. 대원근(큰원근, Teres major)	
	3. 소원근(작은원근, Teres minor)	
	4. 광배근(넓은등근, Latissimus dorsi)	
	5. 상완삼두근(위팔세갈래근, Triceps brachii)	
	6. 능형근(마름근, Rhomboid Major / Minor)	

* 어깨 동작 중 소리가 날 때 연관된 근육 : 능형근, 극상근, 상완이두근

◖ 어깨 근육의 통증 발현점(발통점)

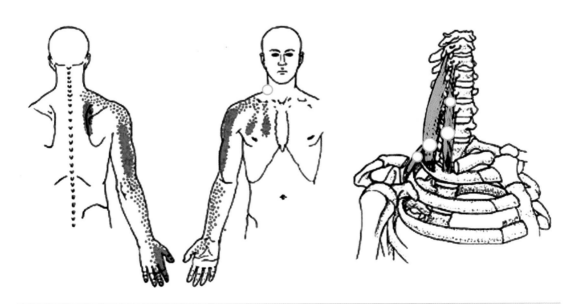

사각근

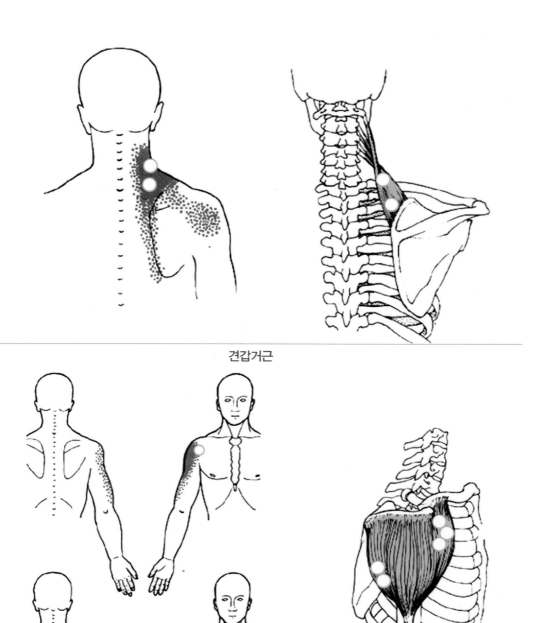

견갑거근

삼각근

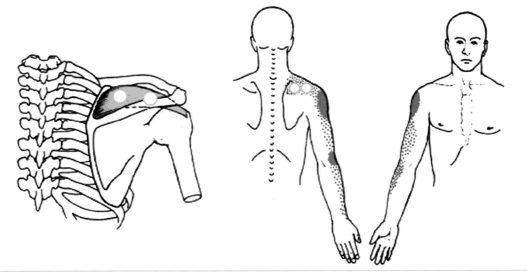

극상근

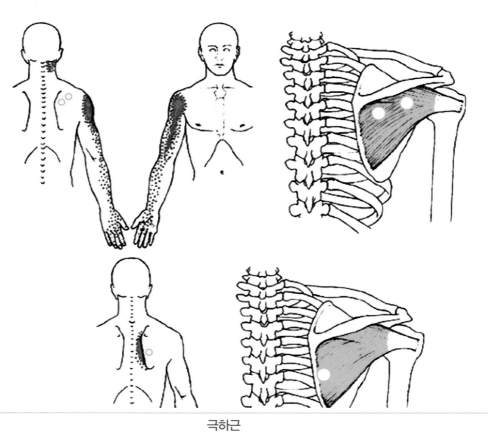

극하근

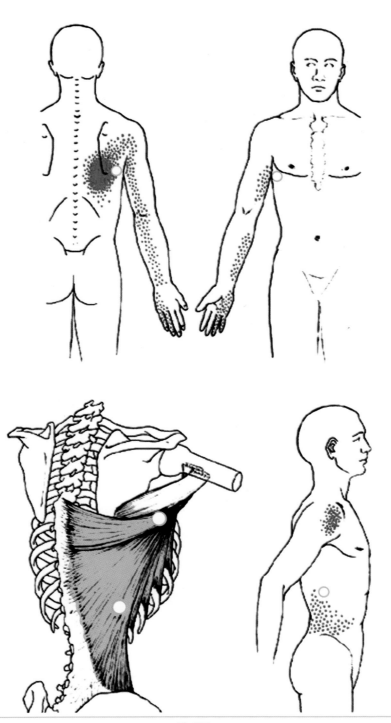

광배근

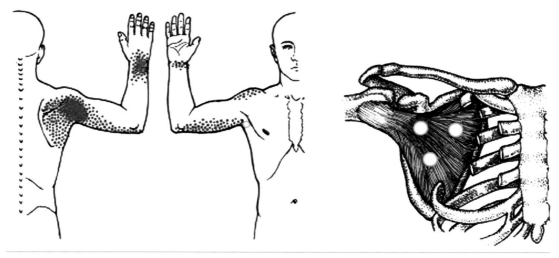

견갑하근

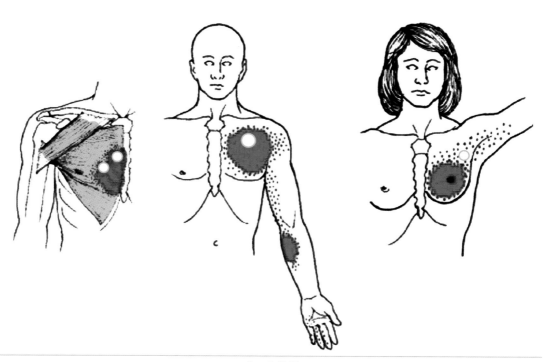

대 · 소흉근

어깨의 동작 시 통증과 관련된 테이핑

어깨를 굴곡·신전시키거나 돌리지 못할 때 통증

어깨를 굴곡·신전시키지 못할 때

동작	통증	비고
굴곡	1. 전면 삼각근(앞어깨세모근, Anterior deltoid)	
	2. 대흉근(큰가슴근, Pectoralis major)	
	3. 오훼완근(부리위팔근, Coracobrachialis)	
	4. 상완이두근(위팔두갈래근, Biceps brachii)	
신전	1. 광배근(넓은등근, Latissimus dorsi)	
	2. 대원근(큰원근, Teres major)	
	3. 후면 삼각근(뒤어깨세모근, Posterior deltoid)	
	4. 극하근(가시아래근, Infraspinatus)	
	5. 소원근(작은원근, Teres minor)	
	6. 상완삼두근(위팔세갈래근, Triceps brachii)	
	7. 대흉근(큰가슴근, Pectoralis major)	

어깨를 돌리지 못할 때

동작	통증	비고
내회전	1. 전면 삼각근(앞어깨세모근, Anterior deltoid)	
	2. 대흉근(큰가슴근, Pectoralis major)	
	3. 견갑하근(어깨밑근, Subscapularis)	
	4. 대원근(큰원근, Teres major)	
	5. 광배근(넓은등근, Latissimus dorsi)	
외회전	1. 극하근(가시아래근, Infraspinatus)	
	2. 소원근(작은원근, Teres minor)	
	3. 삼각근(어깨세모근, Deltoid)	

어깨를 앞으로 굴곡시킬 때 통증 시 테이핑

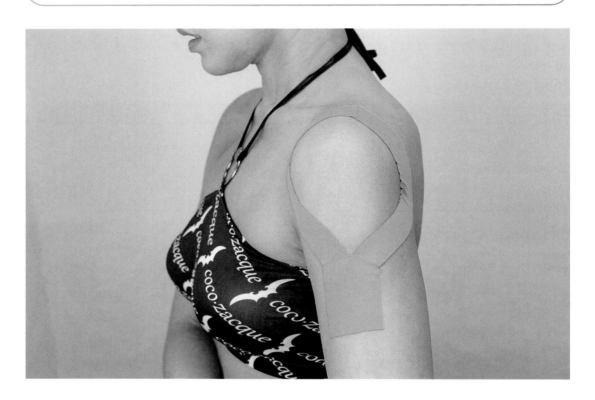

　어깨는 움직임이 복잡한 관절이기 때문에 하나의 근육이 좋지 않을 경우도 있고, 복합적으로 좋지 않을 경우도 있다. 이때는 어깨를 감싸주는 삼각근을 우선적으로 테이핑하면 된다. 때로는 상완이두근 테이핑을 같이 해주면 효과적이다. 추가적인 테이핑은 증상에 따라 대흉근이나 대원근 등 적절한 곳에 테이핑한다.

어깨를 굴곡시킬 때 통증 시 테이핑

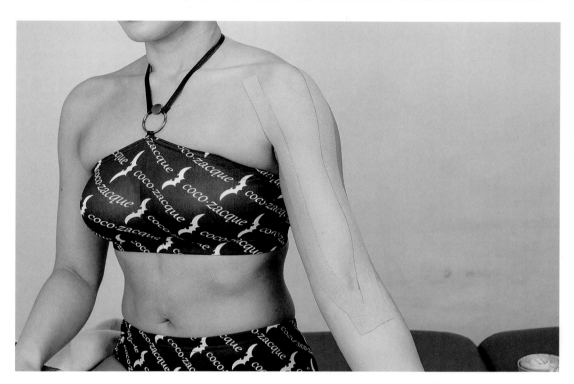

어깨를 뒤로 신전시킬 때 통증 시 테이핑

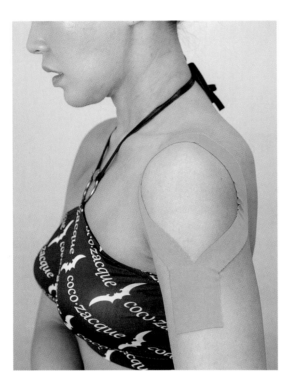

어깨 후면 또한 복잡한 움직임에 의해 여러 근육에 테이핑해야 하는 경우가 많다. 먼저 어깨를 감싸주는 삼각근을 테이핑하면 된다. 추가적으로 광배근 · 대원근도 같이 테이핑해 주면 신전의 움직임에는 효과적이다. 증상이 심하면 증상에 따라 적절한 곳에 테이핑한다.

어깨를 내회전시킬 때 통증 시 테이핑

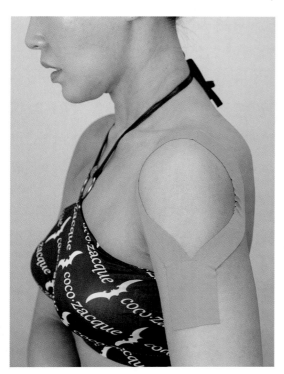

어깨는 움직임이 복잡한 관절이기 때문에 하나의 근육이 좋지 않을 경우도 있고, 복합적으로 좋지 않을 경우도 있다. 이때는 어깨를 감싸주는 삼각근을 우선적으로 테이핑하면 된다. 이후 추가적으로 대흉근·견갑하근에 테이핑하면 효과적으로 내회전할 수 있다.

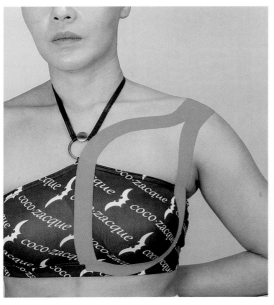

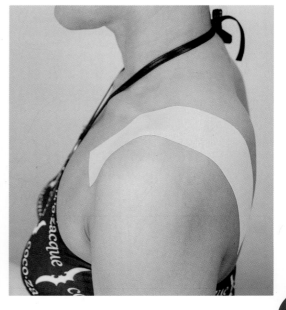

어깨를 외회전시킬 때 통증 시 테이핑

어깨는 움직임이 복잡한 관절이기 때문에 하나의 근육이 좋지 않을 경우도 있고, 복합적으로 좋지 않을 경우도 있다. 이때는 어깨를 감싸주는 삼각근에 우선적으로 테이핑하면 된다. 이후 추가적으로 극하근·소원근에 테이핑하면 효과적으로 내회전할 수 있다.

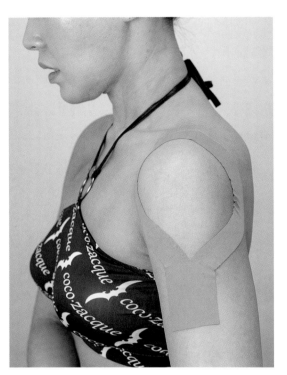

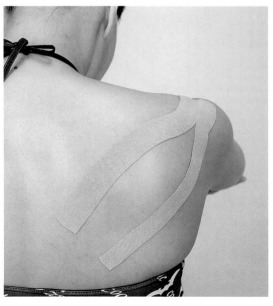

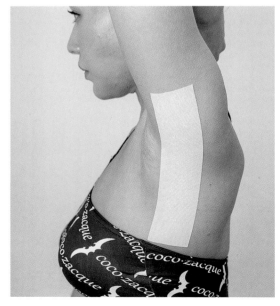

어깨를 내전 또는 외전시킬 때 통증

어깨를 내전하거나 외전할 때

동작	통증	비고
외전	1. 극상근(가시위근, Supraspinatus)	
	2. 중삼각근(중간어깨세모근, Middle deltoid)	
내전	1. 대흉근(큰가슴근, Pectoralis major)	
	2. 오훼완근(부리위팔근, Coracobrachialis)	
	3. 광배근(넓은등근, Latissimus dorsi)	
	4. 대원근(큰원근, Teres major)	

어깨를 수평 내전하거나 수평 외전할 때

동작	통증	비고
수평외전	1. 후면 삼각근(뒤어깨세모근, Posterior deltoid)	
수평내전	1. 전면 삼각근(앞어깨세모근, Anterior deltoid)	
	2. 대흉근(큰가슴근, Pectoralis major)	

어깨를 외전시킬 때 통증 시 테이핑

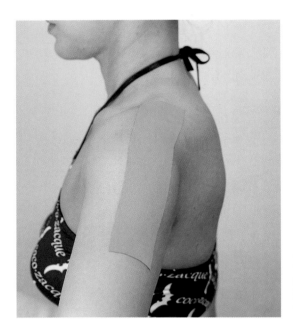

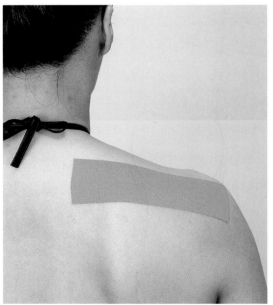

어깨를 외전시킬 때 통증이 있으면 중심이 되는 중삼각근에 I자형 테이프 5cm× 20cm를 우선적으로 사진과 같이 테이핑한다. 이후 추가적으로 극상근에 테이핑하면 효과적으로 외전할 수 있다.

어깨를 내전시킬 때 통증 시 테이핑

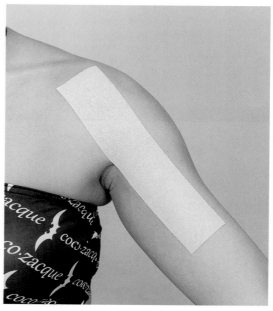

　어깨를 내전시킬 때 통증이 있으면 우선적으로 가슴을 활짝 펴고 팔을 뒤로 돌려서 Y자형 테이프 5cm×25cm를 상완골 머리(팔과 앞가슴이 닿는 곳)에서 시작하여 젖가슴을 감싸듯이 테이핑하고, 이후에도 통증이 온다면 추가적으로 오훼완근에 테이핑하면 효과적으로 내전할 수 있다.

어깨를 수평 내전/외전시킬 때 통증 시 테이핑

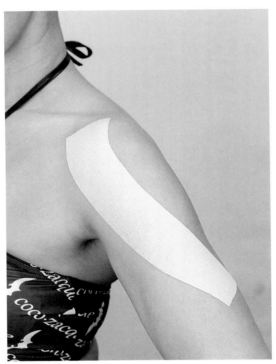

어깨를 수평 내·외전할 때 중요한 근육은 삼각근이다. 그중에 효과적으로 테이핑하기 위해서 전·후면 삼각근을 개별적으로 붙여주는 것 또한 효과적이다. 이후 추가적으로 대흉근에 테이핑하면 효과적으로 움직일 수 있다.

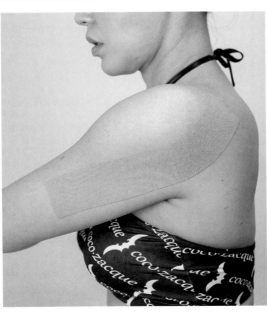

3 팔과 손의 통증에 대한 테이핑

테이핑 접근 방법과 근육

테이핑 접근 방법

① 신전과 굴곡 시의 동작을 체크한다.

② 상완과 전완의 통증을 구분한다.

③ 손의 외전과 내전 동작 시의 패턴을 구분한다.

④ 엄지는 3개의 근육이 움직여 신전과 굴곡한다.

⑤ 요골근과 척골근을 체크한 다음 테이핑한다.

▓ 팔과 손의 움직임과 관련된 근육

 원회내근(원엎침근, Pronator teres)

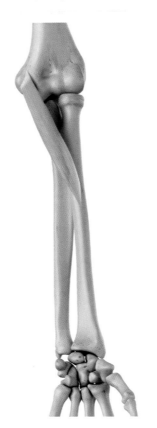

이는곳
Origin

상완골의 내측상과 상부, 척골의 오훼돌기

Above the medial epicondyle of humerus,
coronoid process of ulna

닿는곳
Insertion

요골 외측면의 중부

Middle of lateral shaft of radius

작 용
Action

전완의 회내, 주관절 굴곡 보조

Pronation of forearm assists in flexion of elbow

저항성 운동 검사

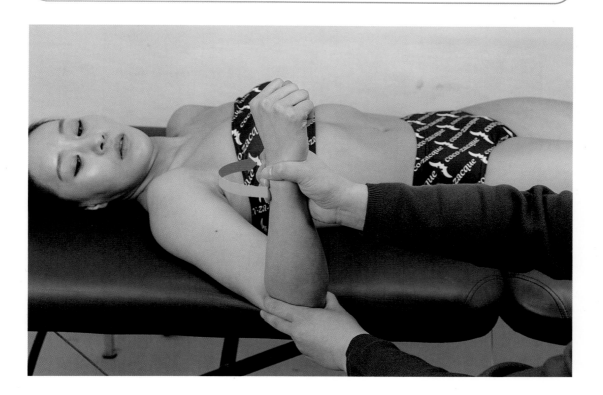

자세

눕거나 앉은 자세에서 팔꿈치를 굽히고 회외(엎침)한다.

시행자

시행자는 한 손으로 대상자의 손목을 잡고, 다른 손은 팔꿈치를 잡아 고정한다.

테스트 방법

시행자가 대상자의 손목을 잡아 전완이 회외하는 방향으로 힘을 주면 대상자는 이에 저항한다.

원회내근 테이핑

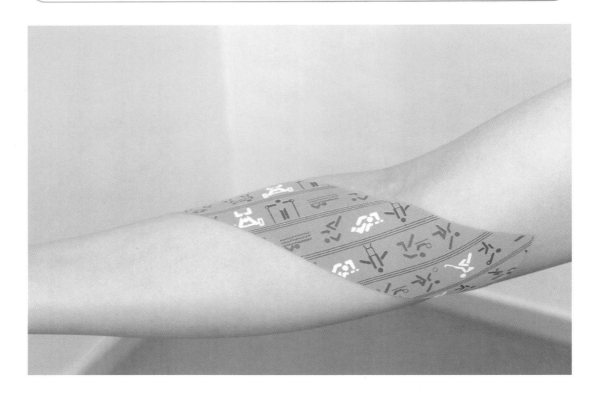

팔을 편 상태에서 I자형 테이프 5cm×20cm를 상완골 내측상과에서 시작하여 30°의 각을 이루며 요골의 외측방향으로 테이핑한다.

 **TIP** 원회내근은 전완의 전내측면(이두근 정지부)에서 촉진된다.
※ 해부학적 자세에서 회내시키면 올라오거나 힘이 들어가는 부분이다.

2 회외근(손뒤침근, Supinator)

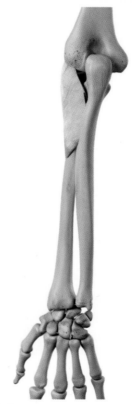

이는곳
Origin

상완골의 외측상과,
척골후면의 요골절흔 아래지점과 후관절낭

Lateral epicondyle of humerus below the radial notch on posterior
ulna and posterior capsule

닿는곳
Insertion

요골전면 상부의 전/후 경사면

Between anterior and posterior oblique lines of proximal radius
on anterior surface

작 용
Action

전완의 회외

Supination of forearm

저항성 운동 검사

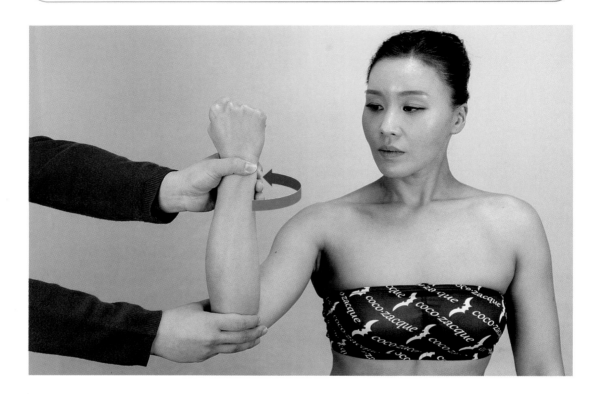

자세

눕거나 앉은 자세에서 팔을 앞으로 뻗고 팔꿈치를 90° 굽힌다.

시행자

시행자는 한 손으로 대상자의 손목을 잡고, 다른 손은 팔꿈치를 잡아 고정한다.

테스트 방법

시행자가 대상자의 손목을 잡아 전완이 회내하는 방향으로 힘을 주면 대상자는 이에 저항한다.

회외근 테이핑

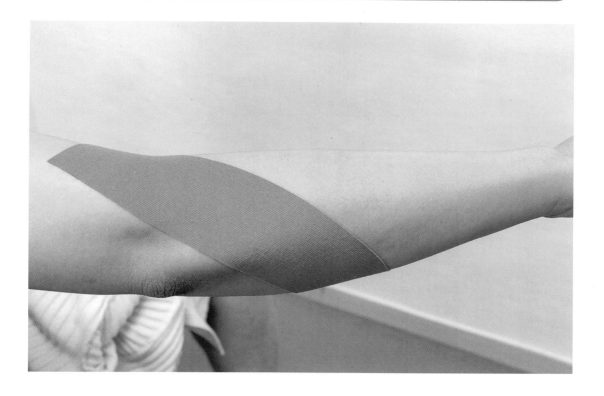

    팔을 편 상태에서 I자형 테이프 5cm×20cm를 상완골두 외측상과에서 시작해 상부 요골을 감싸듯이 외측면까지 테이핑한다.

 **TIP** 회외근은 직접적으로 촉진할 수 없으나 기능적으로 회외시키면 힘이 들어가므로 기능적인 검사는 가능하다.

3 상완요골근 (위팔노근, Brachioradialis)

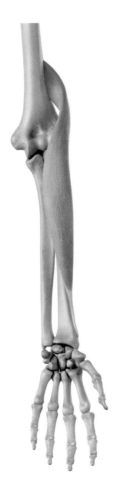

이는곳
Origin
상완골의 외측상과융기선
Lateral supracondylar ridge of humerus

닿는곳
Insertion
요골의 경상돌기
Styloid process of radius

작 용
Action
주관절 중립자세에서 굴곡
Flexion of elbow in neutral position

상완요골근 테이핑

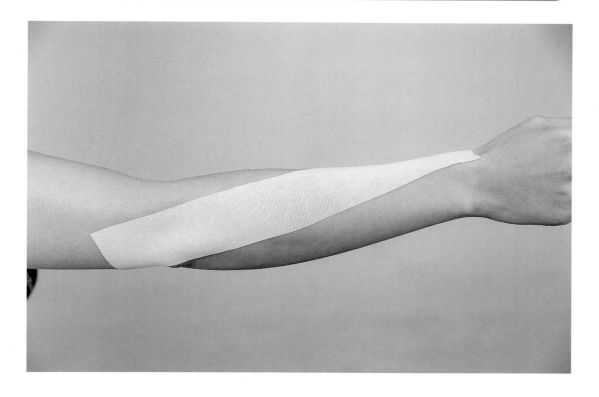

팔을 편 상태에서 I자형 테이프 5cm×20cm를 상완골의 외측상과 윗부분에서 시작해 손목 방향으로 요골쪽을 따라 테이핑한다.

TIP 상완요골근은 전완이 중립(회외/회내하지 않은)된 자세에서 주관절 굴곡이 단독으로 사용된다.
※ 상완근이나 상완이두근의 개입이 없는 상태를 말한다.

4 요측수근굴근(노쪽손목굽힘근, Flexor carpi radialis)

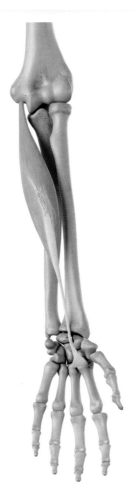

이는곳 Origin	상완골 내측상과
	Medial epicondyle of humerus

닿는곳 Insertion	제2, 3지 중수골 저부
	Base of 2nd and 3rd metacarpals

작 용 Action	손목의 굴곡, 외전
	Flexion, Abduction of wrist

요측수근굴근 테이핑

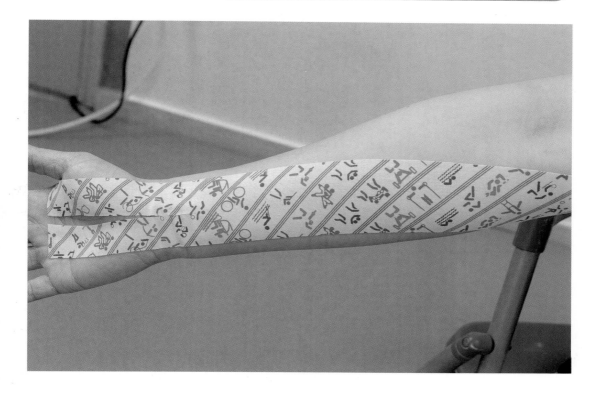

팔을 편 상태에서 Y자형 또는 I자형 테이프를 상완골 내측상과에서 시작해 제1중수골 라인까지 테이핑한다.

5 척측수근굴근(자쪽손목굽힘근, Flexor carpi ulnaris)

이는곳 **Origin**	상완골 내측상과 척골 상부 후면 Medial epicondyle of humerus, proximal posterior ulna
닿는곳 **Insertion**	두상골, 유구골, 제5중수골 저부 Pisiform,hamate, and base of 5th metacarpal
작 용 **Action**	손목의 굴곡, 내전 Flexion, Adduction of wrist

척측수근굴근 테이핑

팔을 편 상태에서 I자형 테이프를 상완골 내측상과에서 시작해 제5중수골까지 테이핑한다.

6 장장근(긴손바닥근, Palmaris longus)

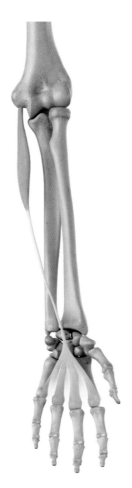

이는곳 Origin	상완골의 내측상과 Medial epicondyle of humerus
닿는곳 Insertion	수장건막 Palmar aponeurosis
작 용 Action	손목 굴곡 보조 Assists flexion of wrist

7 장요측수근신근(긴노쪽손목폄근, Extensor carpi radialis longus)

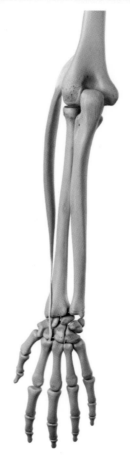

이는곳
Origin

상완골의 외측상과와 외측상과융선

Lateral supracondylar ridge lateral epicondyle of humerus

닿는곳
Insertion

제2 중수골 저부 배면

Base of 2nd metacarpal

작 용
Action

손목의 신전과 외전(요측 편위)

Extension

Abduction of wrist(radial deviation)

장요측수근신근 테이핑

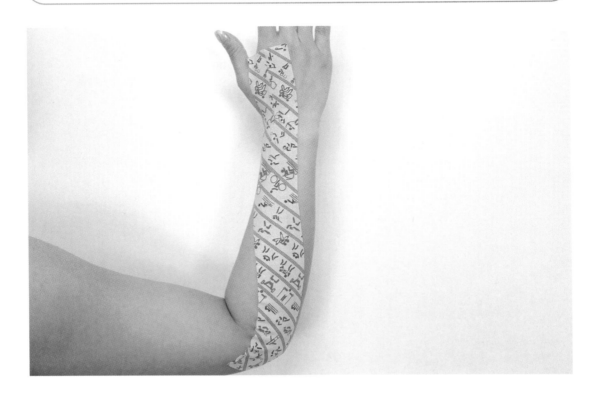

팔을 편 상태에서 I자형 테이프를 상완골 외측상과에서 시작해 제1중수골까지 테이핑한다.

단요측수근신근(짧은노쪽손목폄근, Extensor carpi radialis brevis)

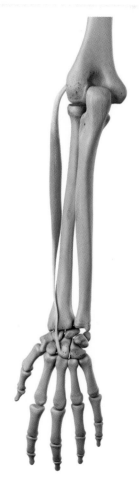

이는곳
Origin

상완골의 외측상과(총신근건)

Lateral epicondyle of humerus(common extensor tendon)

닿는곳
Insertion

제3중수골의 저부 배면

Base of 3rd metacarpal

작 용
Action

손목의 신전

Extension of wrist

⑨ 척측수근신근(자쪽손목폄근, Extensor carpi ulnaris)

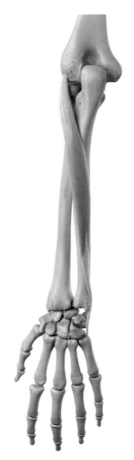

이는곳
Origin

상완골의 외측상과(총신근건) 척골의 후상부

Lateral epicondyle of humerus(common extensor tendon)
posterior proximal ulna

닿는곳
Insertion

제5중수골 기저부

Base of 5th metacarpal

작 용
Action

손목의 신전, 내전(척측 편위)

Extension, adduction of wrist(ulnar deviation)

척측수근신근 테이핑

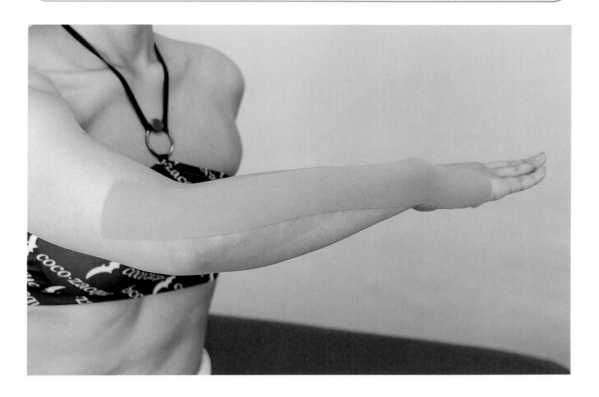

팔을 편 상태에서 Y자형 테이프를 상완골 외측상과에서 시작해 소지를 감싸듯이 제5 중수골까지 테이핑한다.

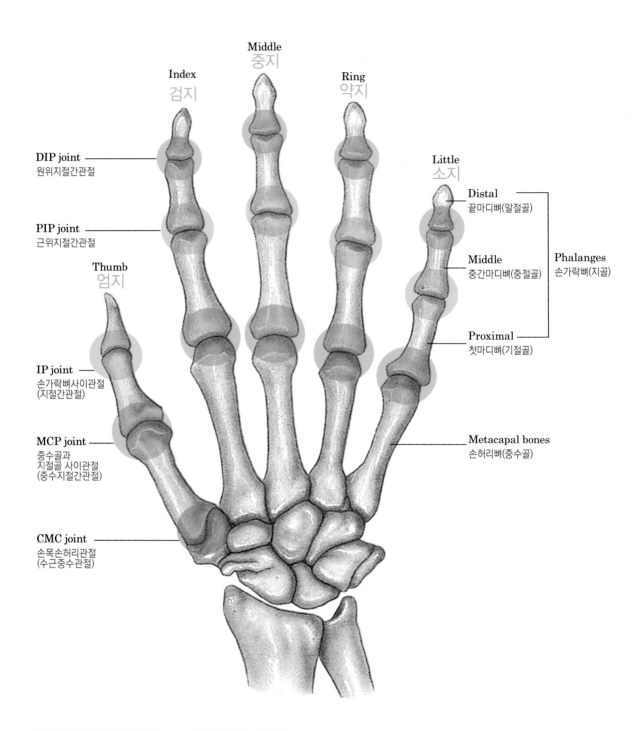

Index
검지

Middle
중지

Ring
약지

Little
소지

Thumb
엄지

DIP joint
원위지절간관절

PIP joint
근위지절간관절

IP joint
손가락뼈사이관절
(지절간관절)

MCP joint
중수골과
지절골 사이관절
(중수지절간관절)

CMC joint
손목손허리관절
(수근중수관절)

Distal
끝마디뼈(말절골)

Middle
중간마디뼈(중절골)

Proximal
첫마디뼈(기절골)

Phalanges
손가락뼈(지골)

Metacapal bones
손허리뼈(중수골)

손가락관절

10 심지굴근(깊은손가락굽힘근, Flexor digitorum profundus)

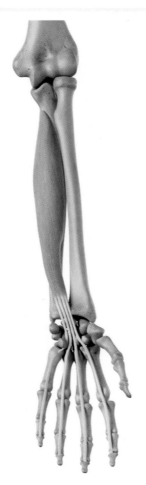

이는곳
Origin

척골 전중간부 골간막

Middle of anterior ulna and interosseous membrane

닿는곳
Insertion

제2~5지 말절골 저부

Bases of distal phalanges of 4 fingers

작 용
Action

제2~5지 원위지절관절의 굴곡

Flexion of 4 fingers at DIP joint

천지굴근 (얕은손가락굽힘근, Flexor digitorum superficialis)

이는곳 Origin

상완골 내측상과, 척골 오훼돌기, 요골경사선

Medial epicondyle of humerus
coronoid process of ulna
oblique line of radius

닿는곳 Insertion

제2~5지 중절골체 측면

Side of shafts of middle phalanges of 4 fingers

작용 Action

제2~5지 근위지절관절 굴곡

Flexion of 4 fingers at PIP joint

12 4개의 충양근(벌레근, Lumbrical)

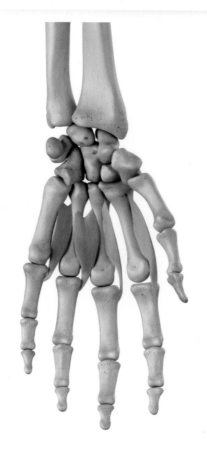

이는곳
Origin

심지굴근건

Flexor digitorum profundus tendons

닿는곳
Insertion

제2~5지 기절골 요측근위면 신근건막

Extensor expansion of 2~5 fingers at proximal
phalanges(radial side)

작 용
Action

중수지절관절 굴곡, 원위, 근위 지절관절 신전

Flexion of fingers at MP joints

Extension of fingers at PIP and DIP joints

13 3개의 장측골간근(바닥쪽뼈사이근, Palmar interossei)

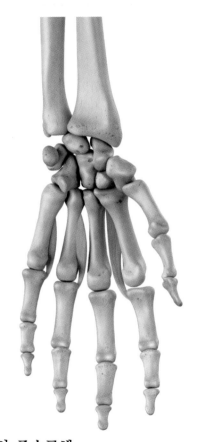

이는곳 Origin

제2, 4, 5지의 중수골체

Shaft of 2, 4, 5 metacarpals

닿는곳 Insertion

제2, 4, 5지의 기절골 저부 신근 건막

Base of proximal phalanges to extensor expansion of 2, 4, 5 fingers

작 용 Action

제2, 4, 5지의 내전,
축양근 보조(중수지관절 굴곡과 원위근위 지절관절 신전)

Adduction of 2, 4, 5 fingers

assists lumbricals in MP flexion and PIP and DIP extension

14 4개의 배측골간근(등쪽뼈사이근, Dorsal interossei)

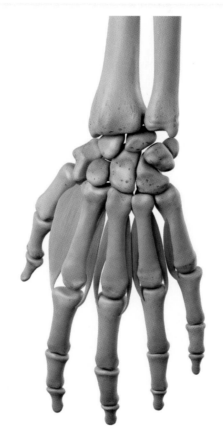

이는곳
Origin

중수골(마주보는 면)

Metarcarpals(adjacent surfaces)

닿는곳
Insertion

기절골 저부와 제2~4지 신근건막

Base of proximal phalanges to extensor expansion of 2~4 fingers

작 용
Action

제2~5지 외전,
충양근 보조(중수지절관절 굴곡, 원위근위지절관절 신전)

Abduction of 2~5 fingers

assists lumbricals in MP flexion and PIP and DIP extension

15 소지굴근(새끼굽힘근, Flexor digiti minimi)

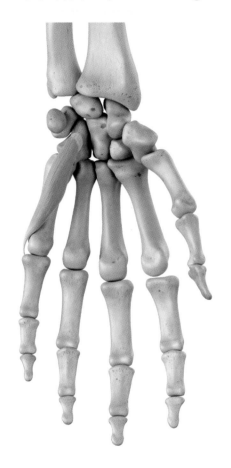

이는곳 **Origin**	굴근건지대(횡수근인대)	Flexor retinaculum(transverse carpal ligament)
닿는곳 **Insertion**	소지기절골 저부	Base of Proximal Phalanx of little finger
작 용 **Action**	소지중수골의 장측면	Flexion of little finger at MP joint

16 단무지굴근(짧은엄지굽힘근, Flexor pollicis brevis)

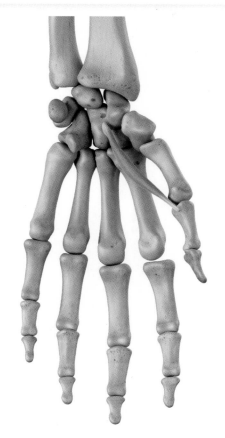

이는곳 Origin	천두 – 굴근건지대, 대능형골 심두 – 능형골, 두상골 Superficial head – flexor retianculum and tapezium bone Deep head – Trapezoid and capitate bones
닿는곳 Insertion	무지기절골 저부(요골측) Base of proximal phalanx of thumb(radial side)
작 용 Action	무지중수지관절의 굴곡 Flexion of thumb at MP joint

17 장무지굴근(긴엄지굽힘근, Flexor pollicis longus)

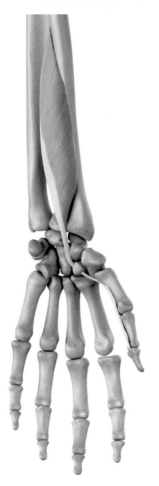

이는곳 **Origin**	**요골전면과 골간막** Anterior surface of radius and interosseous membrane
닿는곳 **Insertion**	**무지말절골 저부** Distal phalanx of thumb
작 용 **Action**	**무지지관절 굴곡** Flexion of Thumb at IP joint

18 (총)지신근((모든)손가락폄근, Extensor digitorum)

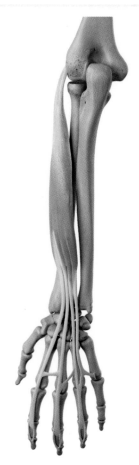

이는곳
Origin

상완골의 외측상과(총신근건)

Lateral epicondyle of humerus(common extensor tendon)

닿는곳
Insertion

손가락 중절골의 저부 배면 제2~4 손가락의 신근건막

Base of middle phalanges of 4 fingers(distal surface)

Extensor expansion of 4 fingers

작 용
Action

제2~4 손가락의 중수지절관절 신전

Extension of MP joint of 4 fingers

(총)지신근 테이핑

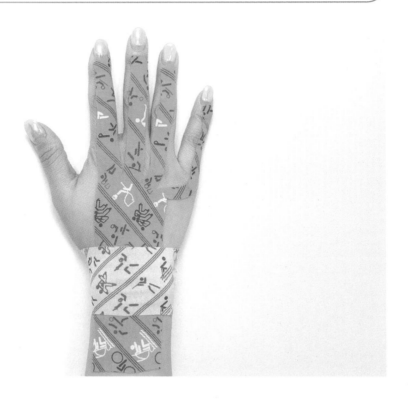

    손등을 편 상태에서 지선형 테이프 5cm×20cm를 손가락 2지에서 시작하여 5지까지 손가락을 오므리면서 주먹을 쥐고, 손목을 지날 때는 굽혀서 외측 팔꿈치를 향해 길게 테이핑한다. 이후 I자형 테이프로 손목을 한 바퀴 감는다.

19 시지신근(집게폄근, Extensor indicis)

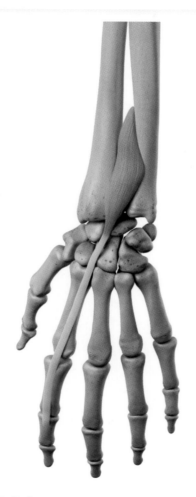

이는곳
Origin

척골 후면, 골간막

Posterior ulna and interosseous membrane

닿는곳
Insertion

시지의 신근건막

Extensor expansion of index finger

작 용
Action

시지의 중수지절관절 신전

Extension of index finger at MP joint

20 소지신근(새끼폄근, Extensor digiti minimi)

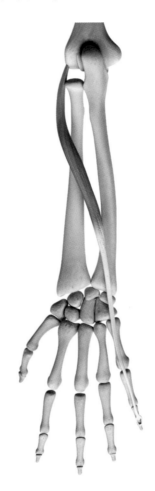

이는곳 **Origin**	**상완골의 외측상과(총신근건)** Lateral epicondyle of humerus(common extensor tendon)
닿는곳 **Insertion**	**소지의 신근건막** Extensor expasion of little finger
작 용 **Action**	**소지중수지절관절의 신전** Extension of little finger at MP joint

21 단무지신근(짧은엄지폄근, Extensor pollicis brevis)

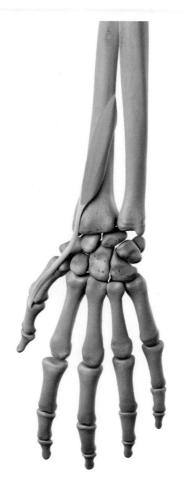

이는곳
Origin

요골 후면, 골간막
Posterior radius and interosseous membrane

닿는곳
Insertion

무지기절골의 저부
Base of proximal phalanx of thumb

작 용
Action

무지중수지절관절의 신전
Extension of thumb at MP joint

22 장무지신근(긴엄지폄근, Extensor pollicis longus)

이는곳 Origin	척골 후면과 골간막 Posterior ulna and interosseous membrane
닿는곳 Insertion	무지말절골의 저부 Base of distal phalanx of thumb
작 용 Action	무지지절간관절의 신전 Extension of thumb at JP joint

23 무지대립근(엄지맞섬근, Opponens pollicis)

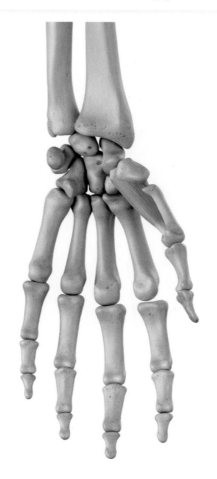

이는곳 Origin	굴근건지대(횡수근인대)
	Flexor retinaculum(transverse carpal ligament)

이는곳
Origin
굴근건지대(횡수근인대)
Flexor retinaculum(transverse carpal ligament)

닿는곳
Insertion
무지중수골간의 외측면
Lateral shaft of 1st metacarpal

작 용
Action
무지 대립
Opposition of thumb

24 소지대립근(새끼맞섬근, Opponens digiti minimi)

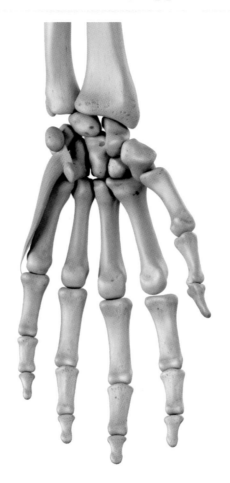

이는곳
Origin

굴근건지대(횡수근인대)
Flexor retinaculum(transverse carpal ligament)

닿는곳
Insertion

제5중수골 척측면
ulnar border of 5th metarcarpal

작 용
Action

소지 대립
Opposition of lttle finger

25 무지내전근(엄지모음근, Adductor pollicis)

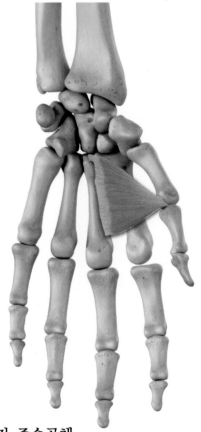

이는곳
Origin

횡두 – 장지 중수골체
경사두 – 2, 3중수골 저부에서 수근골에 인접

Transverse head – shaft of 3rd metacarpal
Oblique head – carpals adjacent to base of 2, 3 metacarpals

닿는곳
Insertion

무지기절골 저부
Base of proximal phalanx of thumb

작 용
Action

무지 내전
Adduction of thumb

26 장무지외전근(긴엄지벌림근, Abductor pollicis longus)

이는곳 Origin	척골과 요골의 후면, 골간막 Posterior radius, ulna and interosseous membrane
닿는곳 Insertion	제1중수골 저부 Base of 1st metacarpal
작 용 Action	무지수근중수관절의 외전 Abduction of thumb at CMC joint

27 단무지외전근(짧은엄지벌림근, Abductor pollicis brevis)

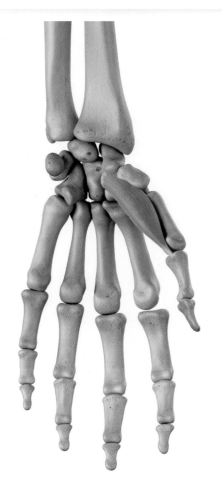

이는곳
Origin

굴근건지대(횡수근인대)

Flexor retinaculum(transverse carpal ligament)

닿는곳
Insertion

무지기절골 저부

Base of proximal phalanx of thumb

작 용
Action

무지수근중수관절 외전

Abduction of thumb at CMC joint

28 소지외전근(새끼벌림근, Abductor digiti minimi)

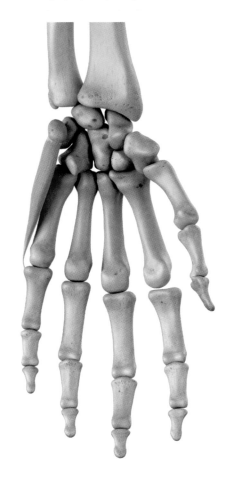

이는곳 **Origin**	**굴근건지대(횡수근인대)** Flexor retinaculum(transverse carpal ligament)
닿는곳 **Insertion**	**소지기절골 저부** Base of proximal phalanx of little finger
작 용 **Action**	**소지중수지절관절의 외전** Abduction of little finger at MCP joint

팔(팔꿈치·손목·손가락)의 동작 시 통증과 관련된 작용 근육

주관절(팔꿈치)

동작	테이핑 작용 근육	비고
굴곡	1. 상완이두근(위팔두갈래근, Biceps brachii)	
	2. 상완근(위팔근, Brachialis)	
	3. 상완요골근(위팔노근, Brachioradialis)	
	4. 원회내근(원엎침근, Pronator teres)	
신전	1. 상완삼두근(위팔세갈래근, Triceps brachii)	
	2. 주근(팔꿈치근, Anconeus)	

수근관절(손목)

동작	테이핑 작용 근육	비고
굴곡	1. 요측수근굴근(노쪽손목굽힘근, Flexor carpi radialis)	
	2. 척측수근굴근(자쪽손목굽힘근, Flexor carpi ulnaris)	
	3. 장장근(긴손바닥근, Palmaris longus)	
신전	1. 장요측수근신근(긴노쪽손목폄근, Extensor carpi radialis longus)	
	2. 단요측수근신근(짧은노쪽손목폄근, Extensor carpi radialis brevis)	
	3. 척측수근신근(자쪽손목폄근, Extensor carpi ulnaris)	

수지관절(손가락)

동작	테이핑 작용 근육	비고
굴곡	1. 심지굴근(깊은손가락굽힘근, Flexor digitorum profundus)	
	2. 천지굴근(얕은손가락굽힘근, Flexor digitorum superficialis)	
신전	1. 지신근(손가락폄근, Extensor digitorum)	
	2. 시지신근(집게폄근, Extensor indicis)	
	3. 소지신근(새끼폄근, Extensor digiti minimi)	
양측(추가)	1. 충양근(벌레근, Lumbrical)	
	2. 장측골간근(손바닥쪽뼈사이근, Palmar interosseous)	
	3. 배측골간근(등쪽뼈사이근, Dorsal interosseous)	
	4. 소지굴근(새끼굽힘근, Flexor digiti minimi)	

팔부위의 통증 발현점(발통점)

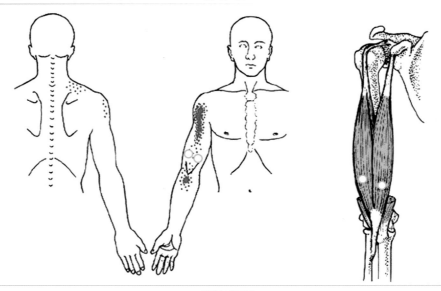

상완이두근

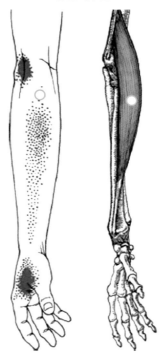

상완근

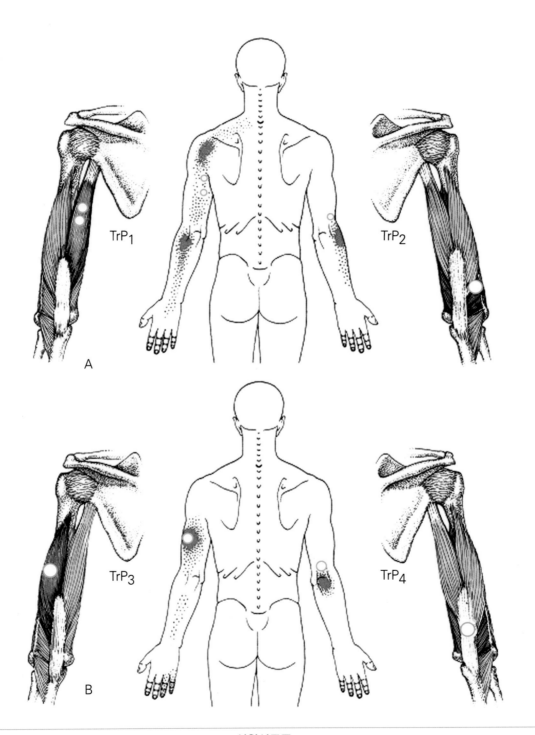

TrP$_1$

TrP$_2$

A

TrP$_3$

TrP$_4$

B

상완삼두근

장요측수근신근
(Extensor carpi radialis longus)

단요측수근신근
(Extensor carpi radialis brevis)

지신근(Extensor digitorum)
중지(Middle finger)

지신근(Extensor digitorum)
약지(Ring finger)

수근신근

요측수근굴근
(Flexor carpi radialis)

척측수근굴근
(Flexor carpi ulnaris)

수근굴근

팔의 동작 시 통증과 관련된 테이핑

팔꿈치·손목을 굴곡 또는 신전시킬 때의 통증

팔꿈치·손목을 굴곡 또는 신전시킬 때

동작	통증	비고
굴곡	1. 상완이두근(위팔두갈래근, Biceps brachii)	
	2. 상완근(위팔근, Brachialis)	
	3. 상완요골근(위팔노근, Brachioradialis)	
	4. 원회내근(원엎침근, Pronator teres)	
신전	1. 상완삼두근(위팔세갈래근, Triceps brachii)	
	2. 주근(팔꿈치근, Anconeus)	

손목을 굴곡 또는 신전시킬 때

동작	통증	비고
굴곡	1. 요측수근굴근(노쪽손목굽힘근, Flexor carpi radialis)	
	2. 척측수근굴근(자쪽손목굽힘근, Flexor carpi ulnaris)	
	3. 장장근(긴손바닥근, Palmaris longus)	
신전	1. 장요측수근신근(긴노쪽손목폄근, Extensor carpi radialis longus)	
	2. 단요측수근신근(짧은노쪽손목폄근, Extensor carpi radialis brevis)	
	3. 척측수근신근(자쪽손목폄근, Extensor carpi ulnaris)	

팔꿈치를 굴곡시킬 때 통증 시 테이핑

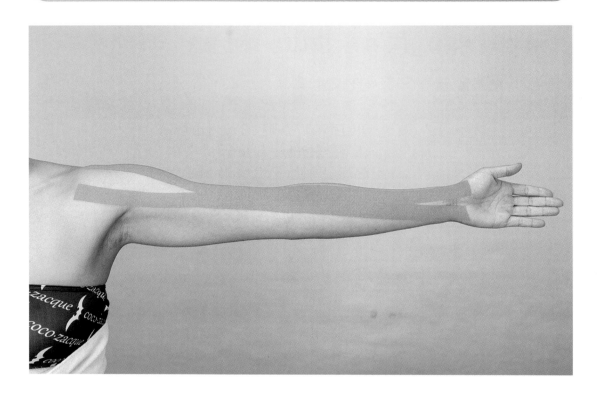

　I자형 테이프 5cm×20cm에 양쪽으로 7cm 가량 가위집을 낸다(X자형). 팔을 펴고 팔 안쪽을 중심으로 위 아래로 30° 가량 각을 이루며 사진과 같이 테이핑한다. 매우 심한 경우에는 5cm×10cm 테이프를 X자형으로 만들어 주관절(내측상과)을 보호할 수 있도록 테이핑한다.

팔꿈치를 신전시킬 때 통증 시 테이핑

　I자형 테이프 5cm×20cm에 양쪽으로 7cm 가량을 가윗집을 낸다(X자형). 팔을 오므린 상태에서 팔꿈치를 중심으로 위아래로 약 30° 정도의 각을 이루며 사진과 같이 테이핑한다. 매우 심한 경우에는 5cm×10cm의 테이프를 X자형으로 만들어 팔꿈치 외측상과를 중심으로 테이핑한다.

손목을 움직일 때 통증 시 테이핑

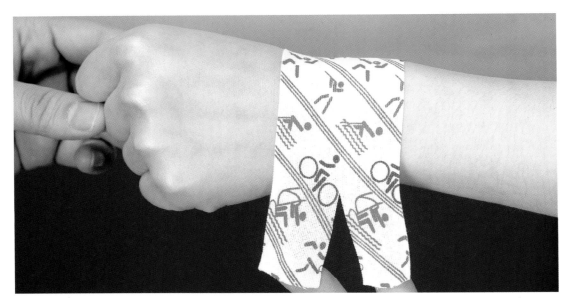

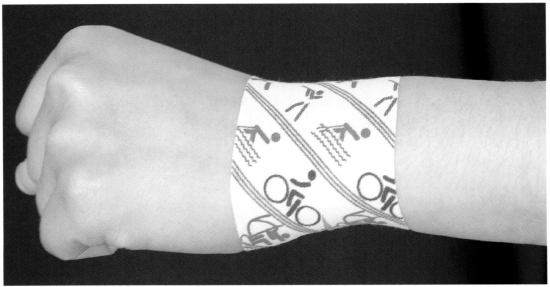

　5cm×10cm 정도의 X자형 테이프를 손목의 손등 부위를 중심으로 손목을 감싸듯이 (팔목에 보호대를 하듯이) 테이핑하고, 손목 안쪽(손바닥 방향)은 사이를 벌려서 테이핑 한다.

손목의 요골 · 척골편위 시의 통증

손목을 요골 · 척골편위할 때

동작	통증	비고
척골측 편위	1. 척측수근굴근(자쪽손목굽힘근, Flexor carpi ulnaris)	
	2. 척측수근신근(자쪽손목폄근, Extensor carpi ulnaris)	
요골측 편위	1. 요측수근굴근(노쪽손목굽힘근, Flexor carpi radialis)	
	2. 장요측수근신근(긴노쪽손목폄근, Extensor carpi radialis longus)	

손목의 척골측편위 시(내전 시) 테이핑

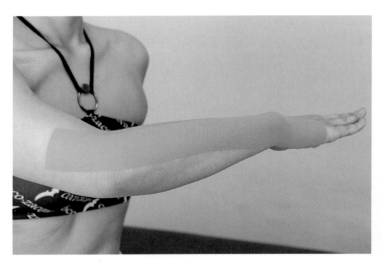

손목을 척골측 편위할 때 통증이 난다면, 척측수근굴근
과 척측수근신근에 테이핑을 하면 효과적이다.

손목의 요골측편위 시(외전 시) 테이핑

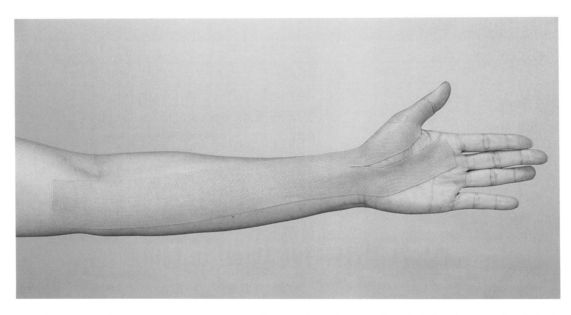

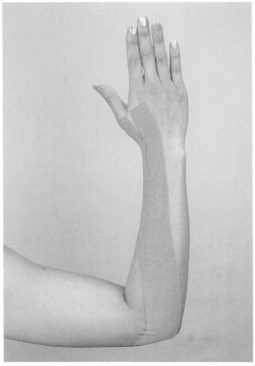

손목을 요골측 편위할 때 통증이 난다면, 요측수근굴근과 요측수근신근에 테이핑을 하면 효과적이다.

손가락의 굴곡 · 신전 시의 통증

◀ 손가락을 굴곡 · 신전시킬 때

동작	통증	비고
굴곡	1. 심지굴근(깊은손가락굽힘근, Flexor digitorum profundus)	
	2. 천지굴근(얕은손가락굽힘근, Flexor digitorum superficialis)	
신전	1. 지신근(손가락폄근, Extensor digitorum)	
	2. 시지신근(집게폄근, Extensor indicis)	
	3. 소지신근(새끼폄근, Extensor digiti minimi)	
양측(추가)	1. 충양근(벌레근, Lumbrical)	
	2. 장측골간근(손바닥쪽뼈사이근, Palmar interosseous)	
	3. 배측골간근(등쪽뼈사이근, Dorsal interosseous)	
	4. 소지굴근(새끼굽힘근, Flexor digiti minimi)	

◀ 무지(엄지손가락)를 굴곡 · 신전시킬 때

동작	통증	비고
굴곡	1. 장무지굴근(긴엄지굽힘근, Flexor pollicis longus)	
	2. 단무지굴근(짧은엄지굽힘근, Flexor pollicis brevis)	
신전	3. 장무지신근(긴엄지폄근, Extensor pollicis longus)	
	4. 단무지신근(짧은엄지폄근, Extensor pollicis brevis)	

손가락의 굴곡 또는 신전근이 약할 때 테이핑

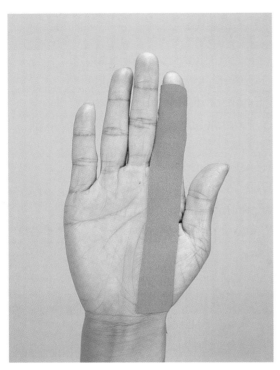 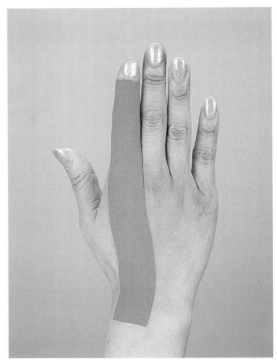

손가락을 굽히거나 펼 때 통증이 있다면 I자형 테이프 2.5×15cm를 굽힐 때 통증이 있으면 손바닥측에서, 펼 때 통증이 있으면 손등측에서 손가락끝마디에서부터 손목 방향으로 세로로 붙인다.

손가락의 굴곡 또는 신전 시 통증이 심할 때 테이핑

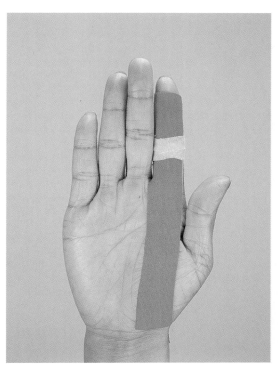 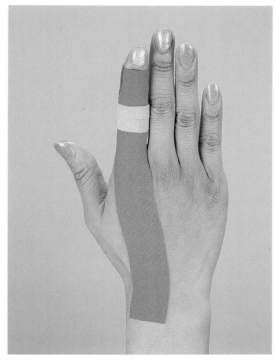

  손가락을 굽히거나 펼 때 통증이 있다면 I자형 테이프 2.5×15cm를 굽힐 때 통증이 있다면 손바닥측에서, 펼 때 통증이 있으면 손등측에서 손가락 끝마디에서부터 손목 방향으로 세로로 붙이고, 2.5×10cm 테이프로 통증이 심한 마디 부분을 감싸준다.

무지 굴곡 시 통증이 있을 때 테이핑

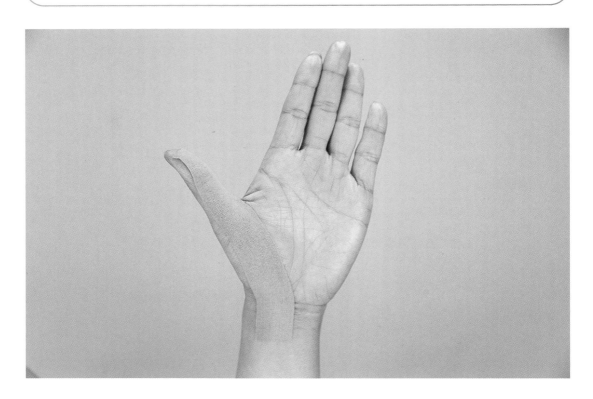

　　2.5cm×25cm 테이프의 끝을 8cm 정도 가위집을 내서 Y자 형태의 테이프로 만들어 무지와 검지의 손바닥 방향으로 테이핑한 후, 손목을 지나서 팔꿈치 내측으로 붙인다.

무지 신전 시 통증이 있을 때 테이핑

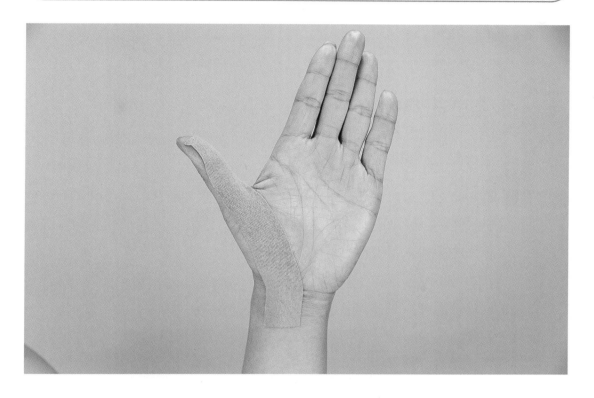

2.5cm×25cm 테이프의 끝을 8cm 정도 가위집을 내서 Y자 형태의 테이프로 만들고 무지와 검지의 손등 방향으로 테이핑한 후 손목을 지나서 팔꿈치 외측으로 붙인다.

4 일상의 통증에 대한 사례별 테이핑

목 주변의 테이핑

목을 굴곡시킬 때의 통증

사례 1 목을 앞으로 굽힐 때 경추 1~3의 통증과 설골 하방으로 통증이 나타나는 경우에는 흉쇄유돌근에 테이핑한다.

① 초기일 때는 유양돌기에 테이핑한다.

② 중기일 때는 흉쇄유돌근에 테이핑한다.

③ 말기일 때는 쇄골 내측단의 후면부 흉골병쪽에 테이핑한다.

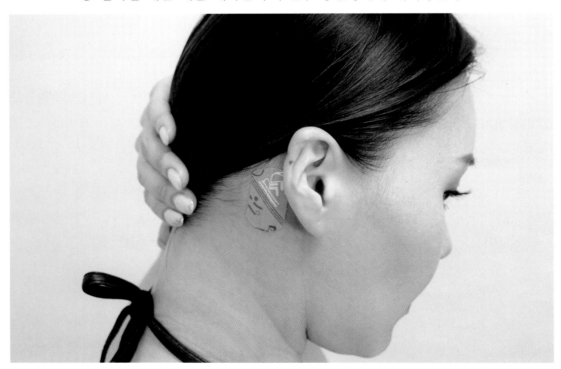

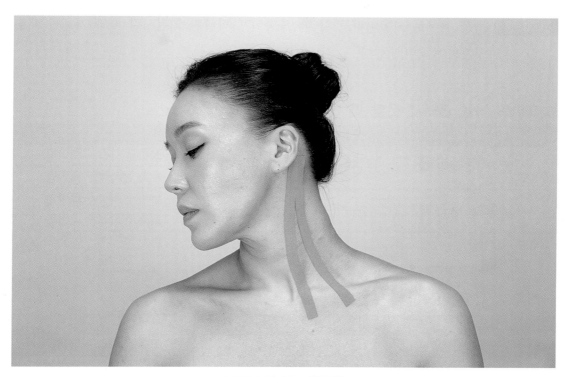

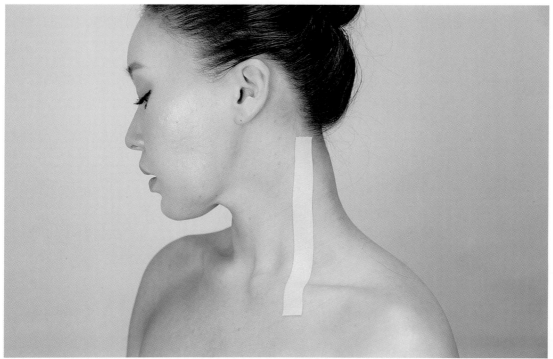

사례 2 목을 좌우로 기울이려고 할 때 통증이 나타나면 회전시킬 때와 기울일 때로 구분하여 테이핑한다.

◀ 좌우로 목을 돌리지 못할 때

동작	통증 발현점	테이핑
좌측으로 돌릴 때	좌측 목의 통증	좌측 전사각근 테이핑
	우측 목의 통증	우측 전사각근 테이핑
우측으로 돌릴 때	우측 목의 통증	우측 전사각근 테이핑
	좌측 목의 통증	좌측 전사각근 테이핑

◀ 좌우로 목을 기울이지 못할 때

동작	통증 발현점	테이핑
우측으로 기울일 때	좌측 목의 통증	좌측 중사각근 테이핑
좌측으로 기울일 때	우측 목의 통증	우측 중사각근 테이핑

사례 3 목을 굽히기도 힘들고, 침을 삼키려고 해도 통증이 나타날 때는 설골근 상부에 테이핑한다.

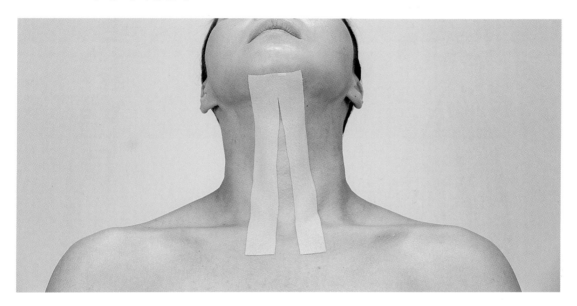

사례 4 목을 굴곡시킬 때 허리 통증까지 나타날 때는 복직근 상부에 테이핑한다.

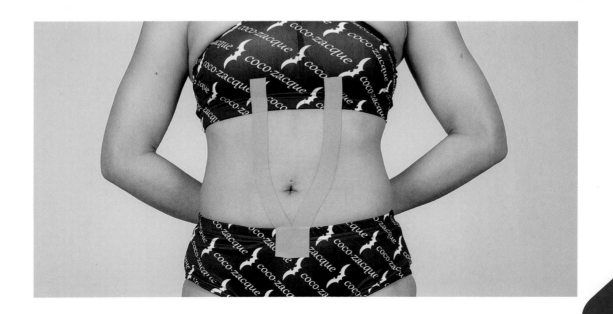

목의 움직임과 관련된 근육

사례 1 교통사고 등으로 목을 뒤로 젖히지 못할 때는 판상근 이상을 의심하고 테이핑
한다.

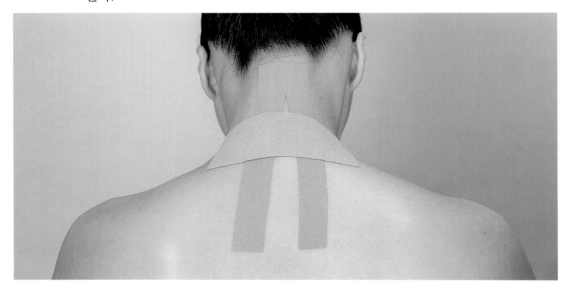

사례 2 교통사고 등으로 목을 비스듬이 굴곡시키려 할 때 통증이 나타날 경우에는
후경근 이상을 의심하고 테이핑한다.

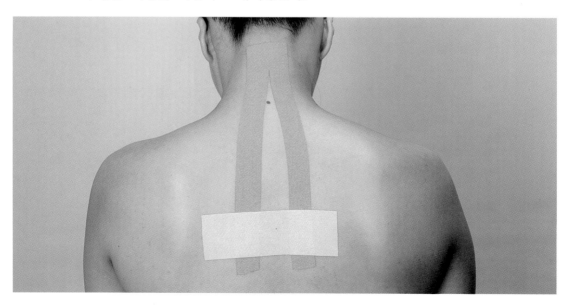

사례 3 어깨 능선을 따라날 목의 통증이 나타나는 때는 승모근 상부 섬유에 테이핑한다.

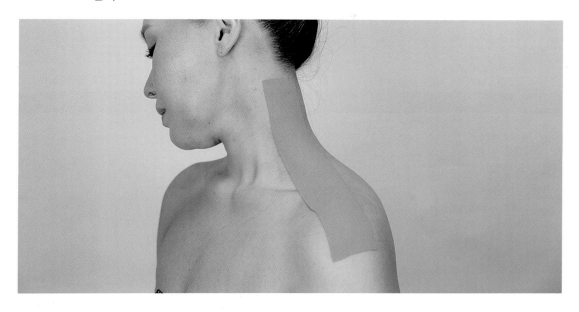

사례 4 등 뒤에서 어깨를 가볍게 잡고 약간 당기듯이 취할 때 목 주위의 측면에 통증이 나타날 때는 견갑거근에 테이핑한다.

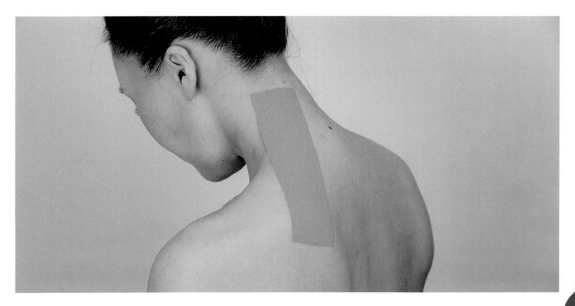

사례 5 견갑골을 위로 또는 내측으로 당길 때 경추 7번에서 흉추 5번까지 극돌기 주위에 통증이 나타날 때나 팔을 뒤로 돌릴 때 목에서 통증이 생길 경우에는 대·소능형근에 테이핑한다.

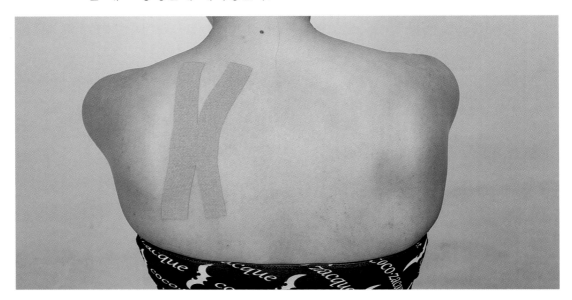

목을 회전시킬 때의 통증

목을 회전시킬 때 통증이 오는 경우

① 아픈 쪽 반대쪽 흉쇄유돌근, 두반극근, 견갑거근에 테이핑한다.

② 아픈 쪽 사각근과 승모근에 테이핑한다.

테이핑한 후에도 목에 잔통이 있는 경우

이 경우 사각근과 견갑거근 이상을 의심해야 한다. 가만히 있어도 목과 어깨가 묵직하면서 아플 때는

① 어깨를 으쓱 올려서 가벼우면 사각근에 테이핑한다.

② 어깨를 으쓱 올려서 무거우면 견갑거근에 테이핑한다.

▤ 사각근증후군

초기에는 상완의 전면과 후면, 견갑 내측에 통증이 나타나고, 나중에는 정맥의 순환 부전과 혈관 운동신경의 변화를 보인다. 더욱이 중증인 경우에는 동맥 부전과 감각신경 이상을 초래하여 환자의 손등에 부종이 생기며 손가락이 뻣뻣해져 자신도 모르게 잡았던 물건을 떨어뜨리게 되는 등 척골측에 통증을 느끼기도 한다.

▤ 목이 뻣뻣해지는 경우

승모근, 견갑거근, 경판상근 이상일 경우에는 목이 뻣뻣해 질 수 있다. 이때는 세 근육에 모두 테이핑한다.

▤ 사각근 테이핑

① 대상자는 앉는다.

② 자세를 45° 정도 경사지게 하고 아픈 쪽으로 목을 외전시켜 통증이 개선되는 경우에는 아픈 쪽의 중사각근에 테이핑하고, 개선이 없을 경우에는 정상인 쪽의 팔을 잡아 아픈 쪽으로 45° 정도 경사지게 앉은 자세에서 목을 외전시켜 통증이 있으면 후사각근에 테이핑한다.

③ 80~90° 외전 시 통증이 있을 때는 중사각근에 테이핑한다.

④ 위의 ③에서 전완을 회외시켜 90° 이상 올릴 수 있을 때에도 중사각근에 테이핑한다.

⑤ 극상근에 손상이 있을 때도 중사각근에 테이핑하면 효과가 있다.

어깨 주변의 테이핑

어깨 주변의 갑작스러운 통증

어깨 주변에 명확하게 밝혀지지 않은 갑작스런 통증이 일어날 때에는 팔을 옆으로 벌린 상태에서 다음과 같은 순서로 테이핑한다.

① 삼각근, 극하근, 능형근까지

② 회외근, 척측수근신근까지

③ 승모근 상부 및 하부까지

팔을 굴곡시킬 때의 통증

사례 1 팔을 가슴쪽으로 움직이거나 안쪽으로 돌리려고 할 때 통증이 나타날 경우에는 대흉근에 테이핑한다.

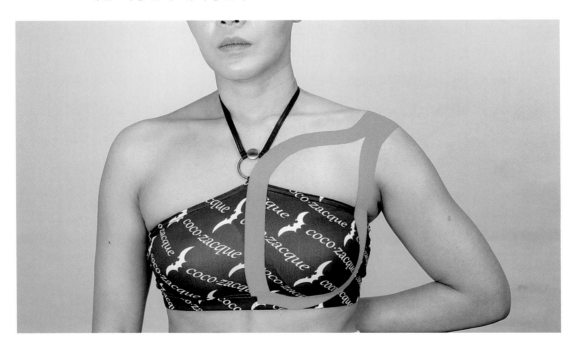

사례 2 팔을 수평으로 올려 앞쪽으로 밀어지지 않을 때는 전면 삼각근 이상을 의심한다.

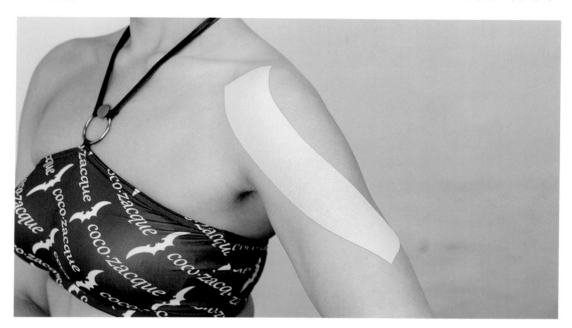

사례 3 팔을 올려 손으로 머리뒤(목덜미)를 잡고 내전시키려고 할 때 통증이 나타날 때에는 오훼완근에 테이핑한다.

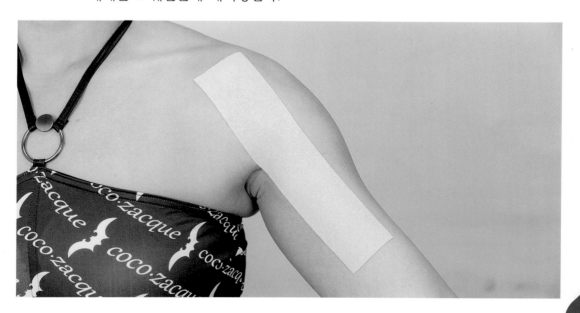

사례 4 전완을 굴곡시키거나 상완을 앞쪽으로 올릴 때 통증이 나타나거나 강하게 수축시키지 못할 때는 상완이두근에 테이핑한다.

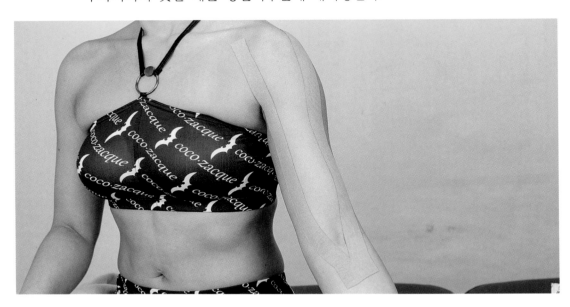

사례 5 손바닥을 위로 하고 팔을 굽힐 때 어깨에 통증이 나타나면 상완요골근, 상완이두근에 테이핑한다.

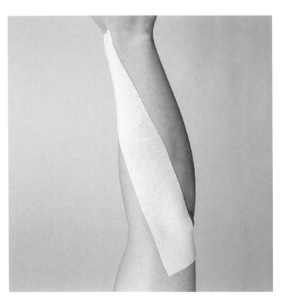

▍ 팔을 신전시킬 때의 통증

팔을 신전시킬 때 통증이 나타나면 후삼각근, 대원근, 소원근, 광배근, 상완삼두근, 대·소능형근 등의 이상을 의심한다.

사례 1 팔을 수평으로 올려 내전이 되지 않거나, 뒤쪽으로 밀어지지 않을 때는 후삼각근 이상을 의심한다.

▍ 팔을 외전시킬 때의 통증

팔을 외전시킬 때 나타나는 통증의 진단은 사각근 검사 → 상지근 검사 → 어깨 주변 검사 순으로 체크를 하고, 그에 맞는 테이핑을 실시한다.

① 손등을 위로 하고 팔을 외전시킬 때는 팔의 신전 패턴 근육들을 찾아 통증부위에 테이핑한다.

② 손등을 아래로 하고 팔을 외전시킬 때는 팔의 굴곡 패턴 근육들을 찾아 통증부위에 테이핑한다.

③ 외전의 각도로 근육을 분석할 수 있다.

　》 외전 0°~60°(견갑상완관절에서 시작)

　　극상근, 승모근, 상완삼두근, 삼각근, 사각근

　》 외전 60°~120°(견갑상완관절 운동을 계속하면서도 견갑흉곽, 관절운동 등이 더 해진다.)

▍ 팔을 안으로 회전시킬 때의 통증

대흉근, 전면 삼각근, 광배근, 대원근, 견갑하근을 체크한다.

▍ 팔을 밖으로 회전시킬 때의 통증

후삼각근, 소원근, 극하근을 체크한다.

어깨 및 팔꿈치의 특정 증상에 맞는 테이핑

어깨의 증상에 맞는 테이핑 사례

① 수면장애를 초래하는 야간의 통증이나 어깨 주위를 쿡쿡 찌르듯이 아프고, 팔을 옆으로 외전시킬 때 30°만 올려도 통증이 나타남으로써 일상생활에서 머리도 빗지 못하고 양치질조차 힘들 때는 극상근에 테이핑한다. 대표적인 예로 무거운 물건을 들거나 리드줄을 당기는 강아지와 산책할 때 통증이 더욱 유발되기 쉽다.

② 야간의 통증으로 어느 쪽으로 눕더라도 어깨 통증이 나타나며, 팔을 움직이는 동안 상완골두를 관절와 내에 안정시키고 극하근에 테이핑한다.

③ 어깨 뒤 깊은 곳에서 통증이 느껴지며 어깨 전면으로 팔을 들어 올려 내회전시킬 때 가동력이 제한을 받을 경우에는 소원근에 테이핑한다.

④ 오랫동안 앞으로 기울이고 일을 하거나, 어깨를 안으로 움츠릴 때 어깨 통증을 느끼거나 측만증으로 한쪽 견갑골이 돌출되어 척추가 휜 경우에는 능형근에 테이핑한다.

⑤ 무거운 물건을 무리하게 들거나, 어깨에 메고 운반하거나, 무거운 기구(역기)를 손에 들고 운동을 하거나, 야구에서 높은 공을 잡기 위하여 팔을 무리하게 높이 뻗을 때 허리와 어깨에 통증이 나타날 경우에는 광배근에 테이핑한다.

⑥ 팔을 0°~90°에서 외전과 외회전을 못 하거나 내전과 내회전 자세를 장시간 취할 때 통증이 심하면 견갑하근에 테이핑한다.

⑦ 팔을 들어 올릴 때(180°까지) 통증이 나타나면 승모근 상부에, 견갑골을 내전시킬 때 통증이 나타나면 승모근 중부에, 견갑골을 하강시킬 때 통증이 나타나면 승모근 하부에 테이핑한다.

⑧ 목이 뻣뻣할 때는 견갑거근에 테이핑(p. 60)한다.아울러 팔을 120°~180°로 외전시킬 때 통증이 유발될 경우에도 그렇게 한다.

⑨ 팔을 뻗어(앞으로 나란히 자세) 위로 올릴 때 통증이 유발될 경우에는 대원근에 테이핑한다.

⑩ 어깨에 통증이 있을 때에는 삼각근에 테이핑해도 좋지만, 극상근에 손상이 있을 때에는 삼각근에 테이핑하면 상완골두가 모두 위쪽으로 전이해 버리기 때문에 효과가 나쁘게 나타날 수 있으므로 주의해야 한다.

⑪ 어깨에 탈구가 생겼을 때는 상완이두근에 테이핑한다. 이때 상완이두근 이상을 의심할 수 있는 경우는 다음과 같다.

> » 팔꿈치를 굽히고 전완을 회외시킬 때에는 통증이 나타나지만, 팔꿈치를 펴고 회외시킬 때에는 통증이 없는 경우
>
> » 상완을 내회전시키고 어깨관절을 굴곡시킬 때와 상완을 외회전시키고 어깨관절을 외전시킬 때 통증이 나타나는 경우
>
> » 강한 테니스 서브 시 통증이 나타나는 경우
>
> » 테니스에서 백핸드 스트로크 시 통증이 나타나는 경우
>
> » 테니스에서 탑 스핀을 위해 전완을 회외시킬 때 통증이 나타나는 경우
>
> » 농구에서 볼을 블로킹하기 위하여 한쪽 다리를 도움닫기로 점프하며 팔을 올릴 때(배구에서도 비슷한 동작을 취할 때) 통증이 나타나는 경우
>
> » 농구에서 레이업 슛을 하는 동작을 취할 때 어깨에 통증이 나타나는 경우 등

⑫ 팔짱을 끼면 어깨가 아플 때에는 대흉근에 테이핑한다.

▊ 팔꿈치의 증상에 맞는 테이핑

① 테니스를 즐기는 사람은 주관절 외측상과 이상을, 골프를 즐기는 사람은 주관절 내측상과 이상을 의심하고, 어깨통증이 있을 때는 상완이두근과 대원근 이상을 의심해도 좋다.

② 빨래를 짤 때 주관절에 통증이 나타나면 내측상과에서 원회내근까지 테이핑한다.

③ 테니스를 할 때 주관절과 팔목에 통증이 있으면 외측상과에서 회외근을 중심으로 테이핑한다.

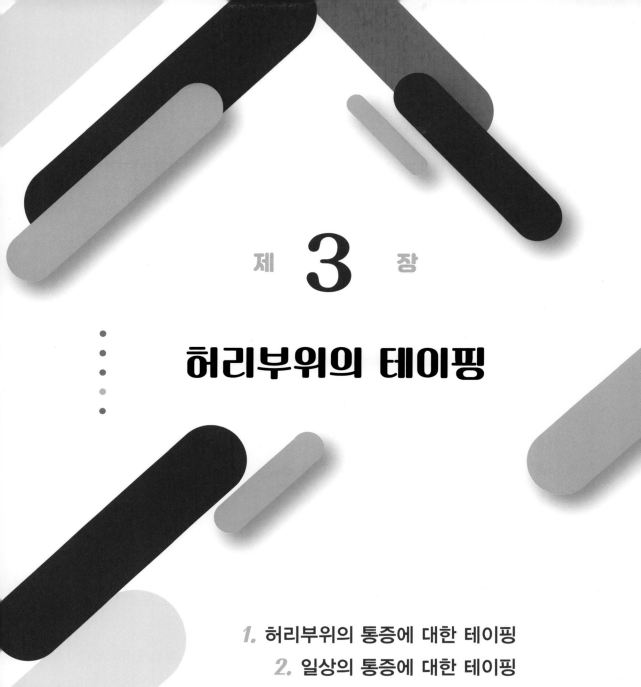

제 3 장

허리부위의 테이핑

1. 허리부위의 통증에 대한 테이핑
2. 일상의 통증에 대한 테이핑

1 허리부위의 통증에 대한 테이핑

테이핑 접근 방법과 근육

테이핑 접근 방법

① 그 동안의 진행과정(병력)을 체크한다.

② 관절운동은 경미한 동작부터 접근하되, 과도한 테스트는 삼가한다.

③ 동작을 분석한다(가장 불편한 자세와 패턴 선택).

④ 작용근을 분석하고, 접촉 검사를 실시한 다음에 테이핑을 한다.

⑤ 허리 주변의 근육을 먼저 테스트하고 나서 다리로 진행한다.

⑥ 발목과 척추의 균형은 기본적으로 추가한다.

테이핑할 때의 주의사항

① 단계를 구분하여 간단하게 테이핑하고, 급성기가 지나면 정확한 검사에 의거하여 테이핑한다.

② 통증 유발의 원인이 되는 근육을 탐색 검사한 후 효과적이었던 부위에 테이핑한다.

③ 작용근 분석 → 접촉 검사 → 테이핑 → 재평가 순으로 실시한다.

④ 발바닥 아치, 발목, 척추의 균형은 의례적으로 추가할 수 있다.

▒ 허리부위의 움직임에 관련된 근육

 내복사근(배속빗근, Internal oblique)

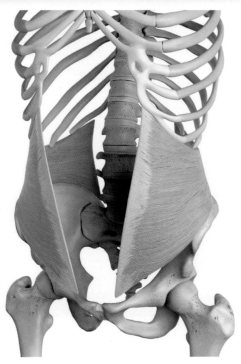

이는곳 Origin	서혜인대 외측 1/2, 장골능 저부, 흉요근막
	lateral half of Inguinal ligament and anterior iliac crest thoracolumbar fascia

이는곳
Origin

서혜인대 외측 1/2, 장골능 저부, 흉요근막

lateral half of Inguinal ligament and anterior iliac crest
thoracolumbar fascia

닿는곳
Insertion

제9~12 늑골의 늑연골, 복건막, 백선

Costal cartilages of last 4ribs, abdominal aponeurosis. linea alba

작 용
Action

양측 작용 – 체간 굴곡, 복압상승
한쪽 작용 – 외측굴곡, 같은 방향으로 체간 회전

Bilaterally – Flexion of trunk, compression of abdominal contents
Unilaterally – lateral flexion rotation of trunk to same side

저항성 운동 검사

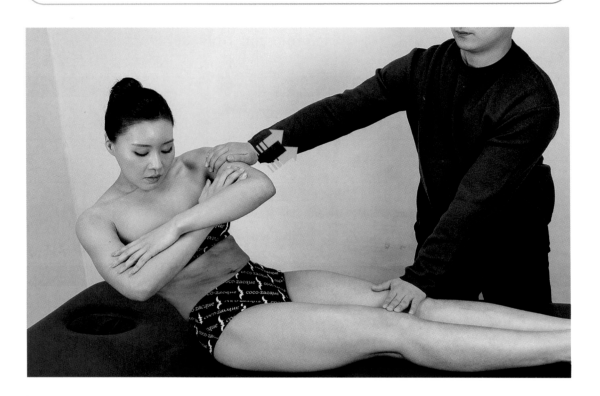

자 세

팔짱을 낀 자세에서 70° 정도 허리를 세우고 앉는다.

시행자

시행자는 한 손으로 대상의 어깨를 잡고, 다른 손으로 다리를 눌러 고정한다.

테스트 방법

시행자가 대상자의 어깨를 누르면 대상자는 누른 방향으로 회전한다.

내복사근 테이핑

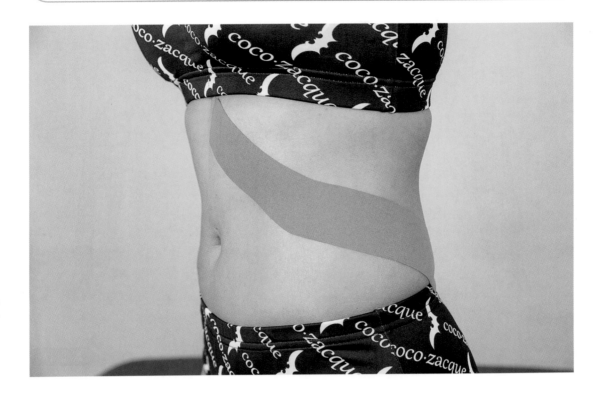

옆으로 누운 자세에서 I자형 테이프 5cm×25cm를 장골능(옆구리 측면)에서 시작하여 늑골연 12(명치)를 향해 테이핑한다.

외복사근 (배바깥빗근, External oblique)

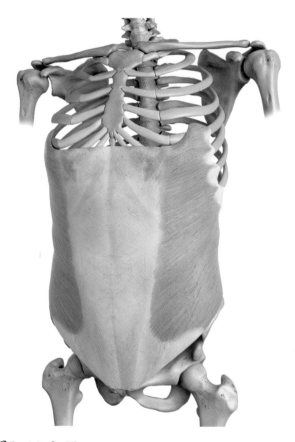

이는곳
Origin

제5~12 늑골

Lower 8ribs (5~12ribs)

닿는곳
Insertion

백선, 장골능과 복건막

Linea alba

작 용
Action

양측 작용 – 체간 굴곡, 복압상승
한쪽 작용 – 외측굴곡, 반대 방향으로 체간 회전

Bilaterally – flexion of trunk, compression of abdominal contents
Unilaterally – lateral flexion, rotation of trunk to opposite side

저항성 운동 검사

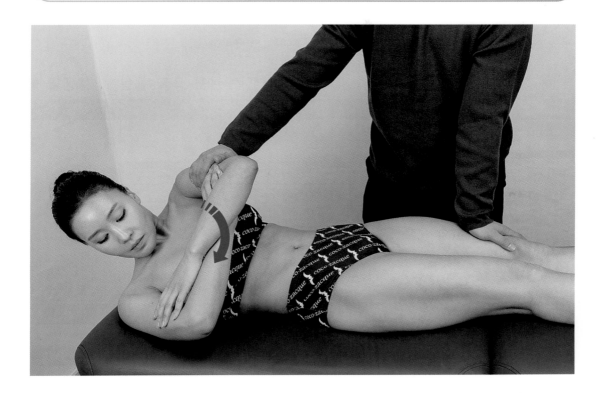

자 세

팔짱을 낀 자세에서 40° 정도 허리를 세우고 비틀어서 앉는다.

시행자

시행자는 한 손으로 대상자의 어깨를 잡아 몸을 누르고, 다른 손으로 다리를 눌러 고정한다.

테스트 방법

시행자가 대상자의 상체를 들어 올리지 못하도록 하면 대상자는 이에 저항하여 상체를 올린다.

외복사근 테이핑

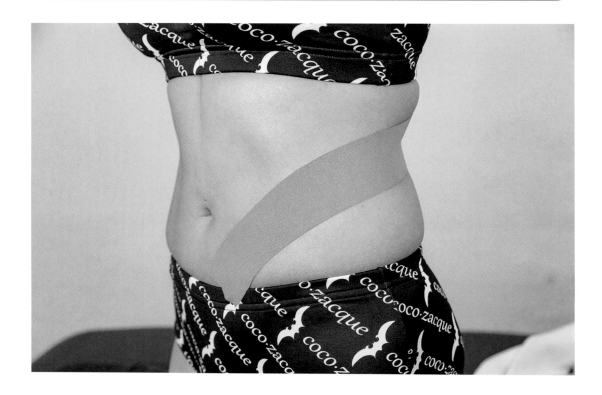

옆으로 누운 자세에서 I자형 테이프 5cm×40cm를 배꼽밑 3cm 정도에서 시작하여 장골능 외측을 따라 등 뒤 흉추 12번 방향으로 테이핑한다.

 **TIP** 외복사근은 복부의 외측면에서 촉진된다.

※ 외복사근 섬유 방향은 바지 주머니에 손을 넣는 방향과 같다.

3 척주기립근(척주세움근, Erector spinae)

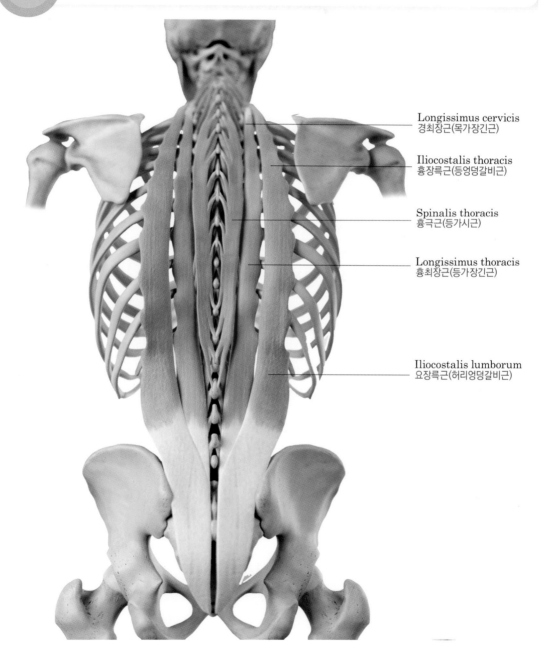

Longissimus cervicis
경최장근(목가장긴근)

Iliocostalis thoracis
흉장륵근(등엉덩갈비근)

Spinalis thoracis
흉극근(등가시근)

Longissimus thoracis
흉최장근(등가장긴근)

Iliocostalis lumborum
요장륵근(허리엉덩갈비근)

<table>
<tr>
<td>

이는곳
Origin

</td>
<td>

장늑근(외층) – 흉요부건막, 늑골후부
최장근(중간층) – 흉요부건막, 요/흉추의 횡돌기
극근(내층) – 항인대, 경/흉추의 극돌기

iliocostalis(lateral layer) – Thoracolumbar aponeurosis,
posterior ribs
longissimus(middle layer) – Thoracolumbar aponeurosis, lumbar
and thoracic transverse processes
spinalis(medial layer) – ligamentum nuchae, cervical and
thoracic spinous processes

</td>
</tr>
<tr>
<td>

닿는곳
Insertion

</td>
<td>

장늑근 – 늑골후부, 경추 횡돌기
최장근 – 경/흉추의 횡돌기, 유양돌기
극근 – 경/흉추의 극돌기, 후두골

iliocostalis – posterior ribs, cervical transverse processes
longissimus – cervical and thocacic transverse processes
spinalis – cervical and thoracic spinous processes, occipital bone

</td>
</tr>
<tr>
<td>

작 용
Action

</td>
<td>

양측 작용 – 척추의 신전
한쪽 작용 – 척추의 외측굴곡

Bilaterally – extension of spine
Unilaterally – lateral flexion of spine

</td>
</tr>
</table>

저항성 운동 검사

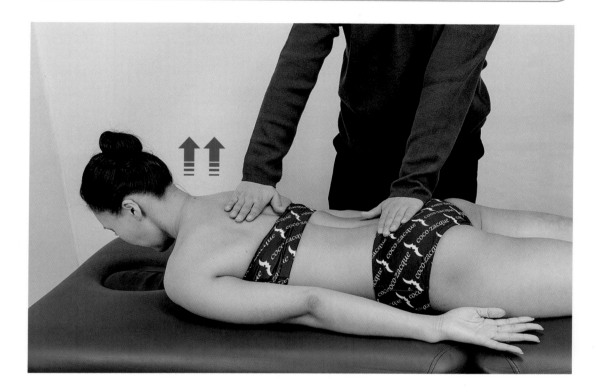

자 세

엎드린 자세에서 팔을 곧게 편다.

시행자

시행자는 한 손은 대상자의 골반 위치에 올리고, 다른 손은 대상자의 어깨 위치에 둔다.

테스트 방법

시행자가 대상자의 상체를 내리려고 하면 대상자는 들어 올리려고 한다.

※ 근력이 약하면 엉덩이가 개입된다.

척주기립근 테이핑

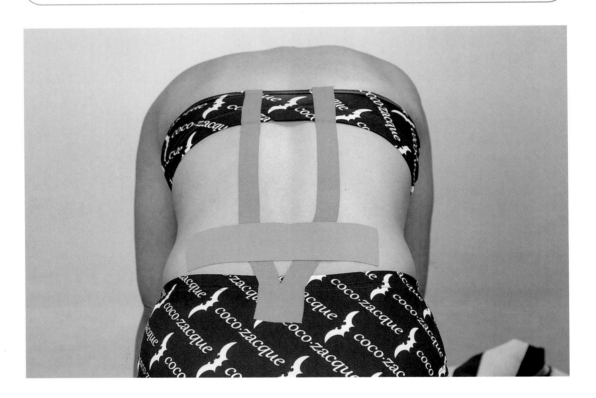

허리를 굽힌 상태에서 Y자형 테이프 5cm×35cm를 천골에서 시작하여 척주를 중심으로 좌우를 세로로 향하여 사진과 같이 테이핑한다. 장늑근, 최장근, 극근을 모두 보완하여 좌우 대칭이 되도록 할 수도 있고, 때로는 휜 척주를 교정하기 위하여 비대칭으로 테이핑할 수도 있다. 아울러 I자형 테이프 5cm×20cm는 통증 부위나 척주의 휜 부위에 가로로 테이핑하는데, 이때 가로로 테이핑하는 이유는 고정시키기 위해서이다.

4 대둔근(큰볼기근, Gluteus maximus)

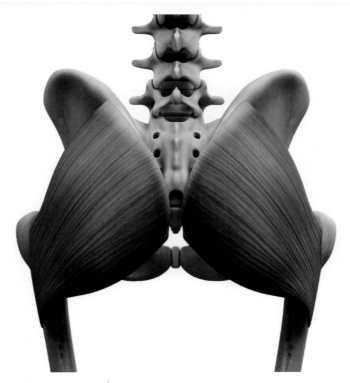

이는곳
Origin

천골후면, 장골, 장골 상둔선

Posterior sacrum, ilium, superior gluteal line of ilium

닿는곳
Insertion

대퇴골의 둔근조면
장경인대(경골외측과에 부착되어 상행한다)

Gluteal tuberosity of femur and iliotibial band(which continues to attach to lateral condyle of tibia)

작 용
Action

고관절의 강한 신전
고관절의 외회전

Forceful extension of hip
lateral rotation of hip

저항성 운동 검사

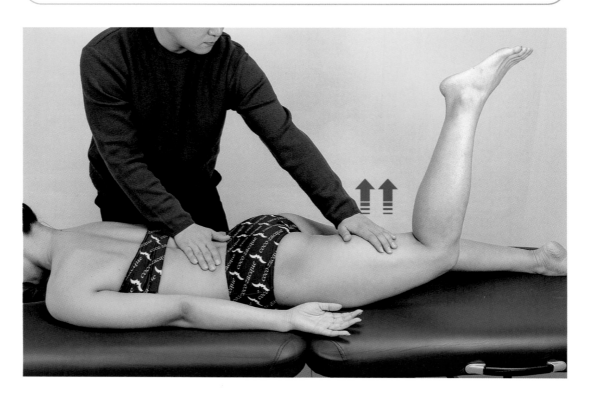

자 세

엎드린 자세에서 무릎을 굽히고, 고관절을 신전시킨다.

시행자

시행자는 한 손은 대상자의 허벅지에 올리고, 다른 손은 대상자의 골반을 고정시킨다.

테스트 방법

시행자가 대상자의 다리를 내리려고 하면 대상자는 이에 저항한다.

※ 근력이 약하면 무릎이 신전되거나, 골반의 회전이 일어날 수 있다.

대둔근 테이핑

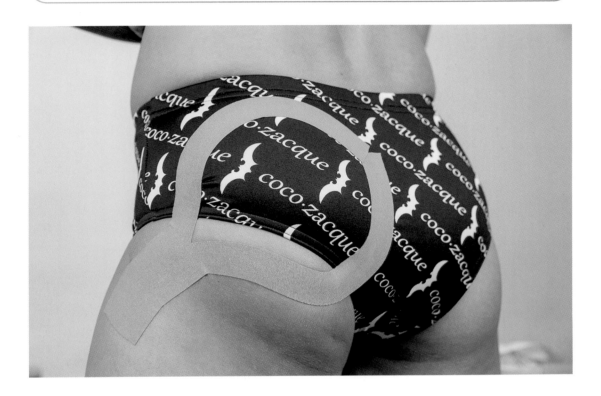

테이핑하려는 엉덩이를 위로 하고 옆으로 누워 무릎을 굽히고 Y자형 테이프 5cm×
25cm를 허벅지 외측에서 천골의 하부와 장골능의 외측 부위를 지나도록 원을 그리듯이
테이핑한다.

 대둔근은 대퇴골 후면의 엉덩이에서 촉진된다.

5 대퇴직근 (넙다리곧은근, Rectus femoris)

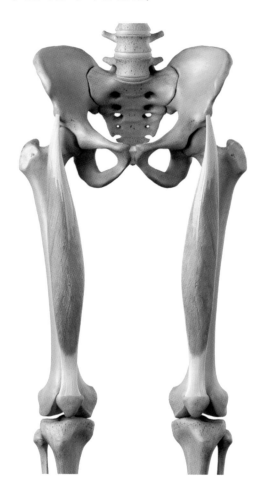

이는곳
Origin

전하장골극, 관골구 상연
Anterior inferior iliac spine upper margin of acetabulum

닿는곳
Insertion

슬개골, 슬개인대를 넘어 경골조면에 정지
Patella and via patellar ligament to tibial tuberosity

작 용
Action

슬관절 신전, 고관절 굴곡 보조
Extension of knee assists flexion of hip

6 대퇴사두근(넙다리네갈래근, Quadraceps femoris)

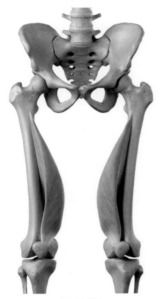

내측광근

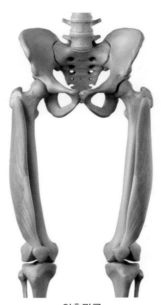

외측광근

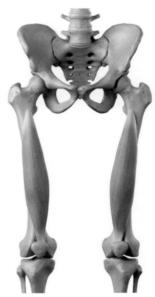

중간광근

이는곳
Origin

내측광근 - 대퇴골 후면의 조선
외측광근 - 대퇴골 후면의 조선
중간광근 - 대퇴골간의 전외측면

Vastus medialis - linea aspera on posterior femur
V. lateralis - linea aspera on posterior femur
V. intermedius - anterior and lateral femoral shaft

닿는곳
Insertion

슬개골, 슬개골인대를 넘어 경골조면에 부착

Patella and via patellar ligament to tibial tuberosity

작 용
Action

슬관절 신전

Extension of knee

저항성 운동 검사

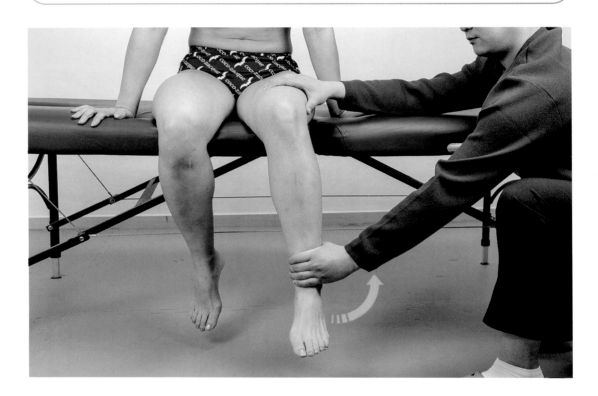

자 세

앉은 자세에서 다리를 앞쪽으로 들어 올리고, 무릎을 구부린다.

시행자

시행자는 한 손은 대상자의 허벅지나 무릎 위에 올리고, 다른 손은 대상자의 발목을 잡는다.

테스트 방법

시행자가 대상자의 다리를 내려서 무릎을 굽히게 하면 대상자는 이에 저항한다.

※ 근력이 약하면 골반이 후방으로 빠지게 된다.

대퇴사두근 테이핑

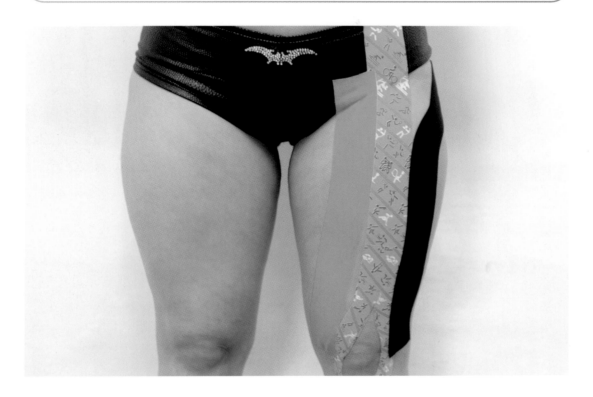

누운 상태에서 Y자형 테이프 1개와 I자형 테이프 2개 5cm×50cm를 붙인다. 먼저 장골능에서 시작하여 무릎 위 중간을 세로로 내려와 무릎 부위에 와서 두 가닥으로 나누어진 것을 슬개골을 감싸듯이 무릎을 세운 상태에서 둥글게 사진과 같이 테이핑한다. 이후 대퇴골을 중심으로 양쪽을 세로로 평행하게 무릎뼈까지 테이핑한다.

TIP 대퇴근 전면과 대퇴이두근 외측면에서 내측광근과 외측광근을 촉진할 수 있다. 하지만 중간광근은 대퇴직근 밑에 있어 촉진할 수 없다.

7 중둔근(중간볼기근, Gluteus medius)

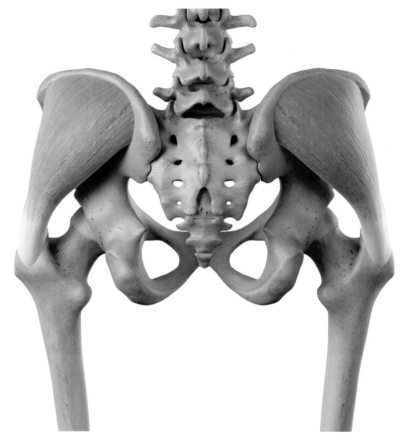

이는곳 **Origin**	장골능(장골의 상둔선, 중둔선 사이) iliac crest : ilium between superior and middle gluteal lines
닿는곳 **Insertion**	대퇴골 대전자 Greater trochanter of femur
작 용 **Action**	고관절의 외전과 내회전 Abduction medial rotation of hip

저항성 운동 검사

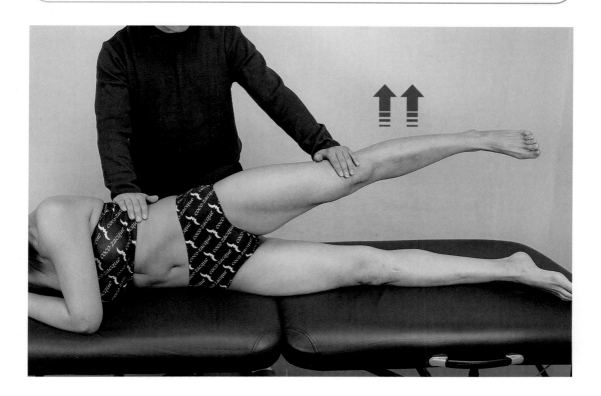

자세

옆으로 누운 자세에서 다리를 측면으로 들어 올린다.

시행자

시행자는 한 손은 대상자의 무릎 측면에 두고, 다른 손은 골반을 고정시킨다.

테스트 방법

시행자가 대상자의 다리를 내리려고 하면 대상자는 이에 저항한다.

※ 근력이 약하면 골반이 뒤쪽으로 빠지게 된다.

중둔근 테이핑

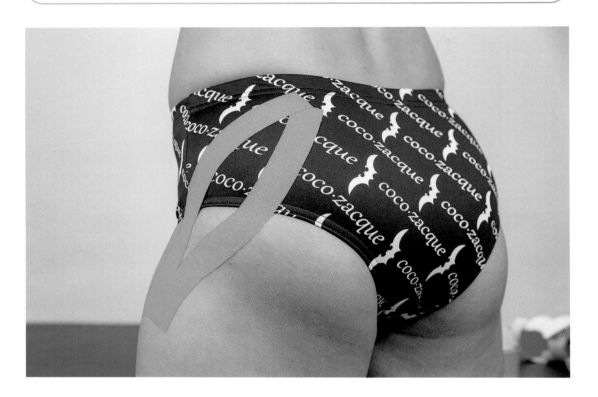

테이핑하려는 엉덩이를 위로 하고 옆으로 누워 무릎을 굽히면 Y자형 테이프 5cm×20cm를 대퇴골 윗부분 대전자 외측에서 시작하여 장골능 방향으로 사진과 같이 타원형으로 테이핑한다.

TIP 중둔근은 대퇴골의 대전자가 가장 튀어나온 부분인 고관절 외측면에서 촉진된다.

대퇴근막장근(넙다리근막긴장근, Tensor fasciae latae)

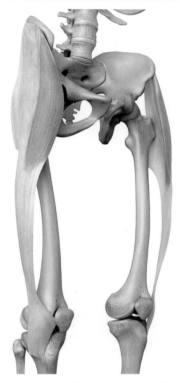

이는곳
Origin

장골능(후상장골극에서 전상장골극까지)

iliac crest(posterior to anterior superior iliac spine)

닿는곳
Insertion

장경인대(경골외측과에서 기시하여 후외측 상행한다)

iliotibial tract(which continues to attach to the lateral condyle of
the tibia)

작 용
Action

보행 시 슬관절이 무너지지 않도록 방지
고관절의 외전 보조, 내회전, 굴곡
슬관절의 신전

Prevent collapse of extended knee in ambulation
Aissist abduction, medial rotation, flexion of hip and
extension of knee

저항성 운동 검사

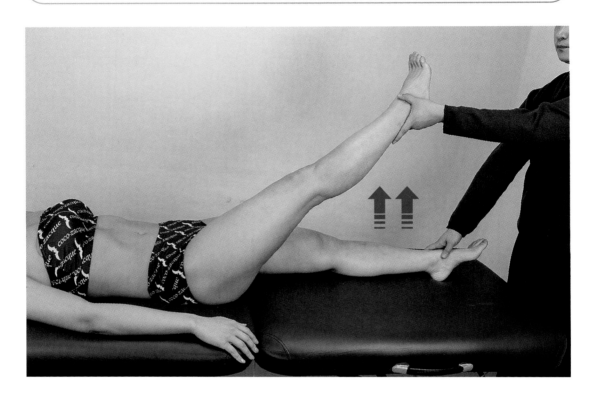

자세

누운 자세에서 한쪽 다리를 보행하듯 들어 올린다.

시행자

시행자는 대상자의 양쪽 발목을 하나씩 잡는다.

테스트 방법

시행자가 대상자의 다리를 내전시키면서 들어 올리면 대상자는 이에 저항한다.

※ 근력이 약하면 골반이 틀어지거나 무릎이 접힌다.

대퇴근막장근 테이핑

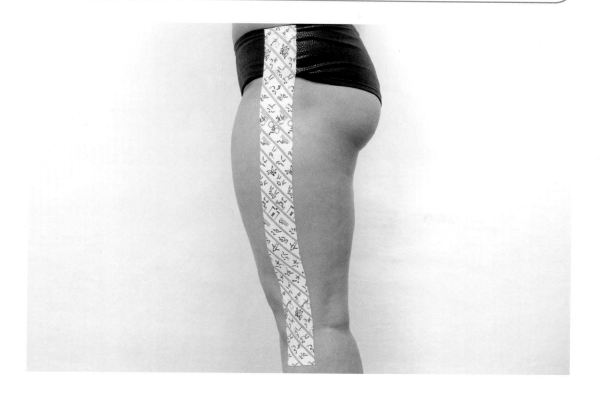

테이핑하려는 엉덩이 옆으로 I자형 테이프를 장골능 부분에서부터 세로로 경골의 외측 부분까지 테이핑한다.

TIP 대퇴근막장근은 보행 시 무릎이 버티게 하는 역할을 한다.

9 복횡근(배가로근, Transverse abdominis)

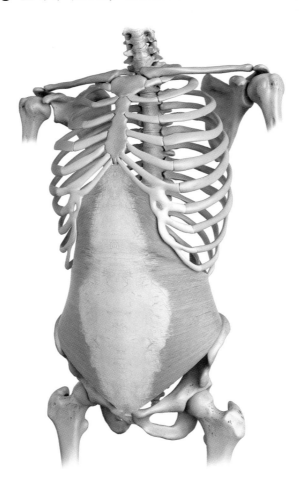

이는곳
Origin

서혜인대, 장골능, 흉요근막
Inguinal ligament, iliaccrest, thoracolumbar aponeurosis

닿는곳
Insertion

복건막, 백선, 치골
Abdominal aponeurosis and linea alba, pubis

작 용
Action

복압 상승
Compression of abdominal contents

10 요방형근(허리네모근, Quadratus lumborum)

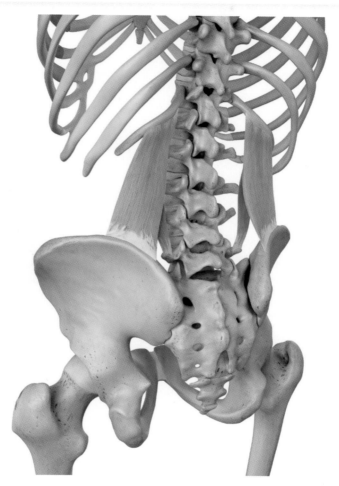

이는곳
Origin

장골능 후면
Posterior iliac crest

닿는곳
Insertion

제12늑골, 요추의 횡돌기
12th rib, transverse processes of lumbar vertebrae

작 용
Action

체간외측굴곡, 골반부 올리기
lateral flexion of trunk and raise of hip

저항성 운동 검사

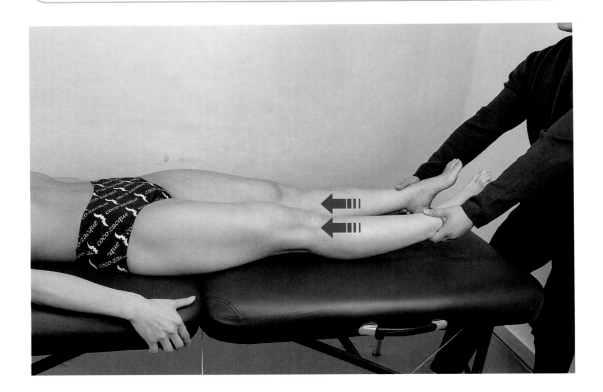

자세

누운 자세에서 침대의 가장자리를 손으로 잡는다.

시행자

시행자는 대상자의 발목을 잡는다.

테스트 방법

시행자가 대상자의 발목을 잡아당기면 대상자는 이에 저항하여 수축시키려 한다.

요방형근 테이핑

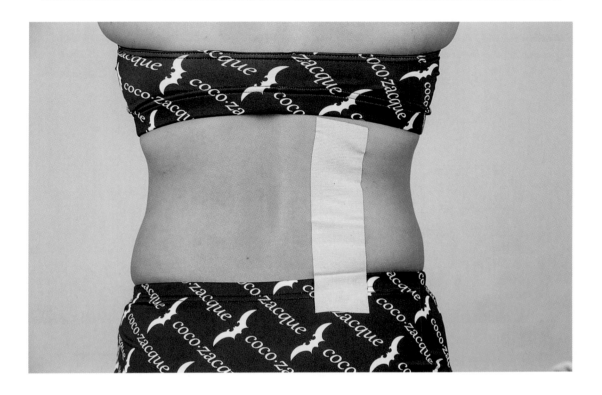

　허리를 숙인 자세에서 Ｉ자형 테이프 5cm×20cm를 장골능에서 시작하여 흉추 12번 쪽을 향해 테이핑한다.

TIP 척주기립근 옆부분에서 45˚ 각도로 누르면 요방형근 라인을 느낄 수 있다.
※ 실제로는 촉진할 수 없다.

▨ 허리부위의 동작 시 통증과 관련된 작용 근육

동작	통증	비고
(서 있는 자세) 굴곡	1. 복직근(배곧은근, Rectus Abdominis)	
	2. 외복사근(배바깥빗근, External oblique)	
	3. 척주기립근(척주세움근, Erector spinae)	
	4. 대둔근(큰볼기근, Gluteus maximus)	
	5. 사두근(네갈래근, Quadraceps)	
	6. 전사각근(앞목갈비근, Anterior Scalenus)	
	7. 설골근(목뿔근, Hyoids)	
(서 있는 자세) 신전	1. 척주기립근(척주세움근, Erector spinae)	
	2. 대둔근(큰볼기근, Gluteus maximus), 중둔근(중간볼기근, Gluteus medius), 대퇴근막장근(넙다리근막긴장근, Tensor fasciae latae)	
	3. 흉요추 이행부(Thoracolumbar Junction)	
	4. 외복사근(배바깥빗근, External oblique)	
	5. 광배근(넓은등근, Latissimus dorsi)	
	6. 제어 작용	
(서 있는 자세) 측굴	1. 내복사근(배속빗근, Internal oblique)	
	2. 외복사근(배바깥빗근, External oblique)	
	3. 광배근(넓은등근, Latissimus dorsi)	
	4. 척주기립근(척주세움근, Erector spinae)	
	5. 중둔근(중간볼기근, Gluteus medius)	
(서 있는 자세) 회전	1. 외복사근(배바깥빗근, External oblique)	
	2. 광배근(넓은등근, Latissimus dorsi)	

허리부위와 등 근육의 통증 발현점(발통점)

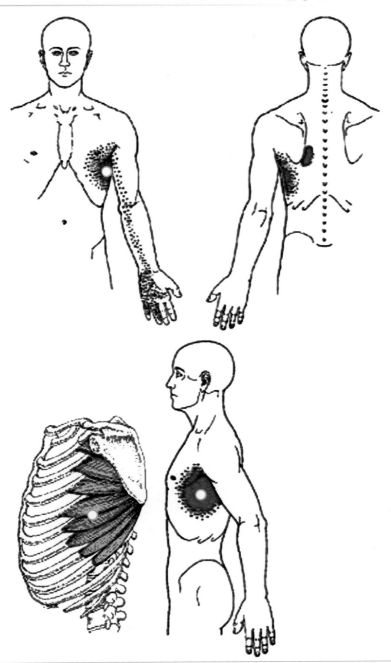

전거근

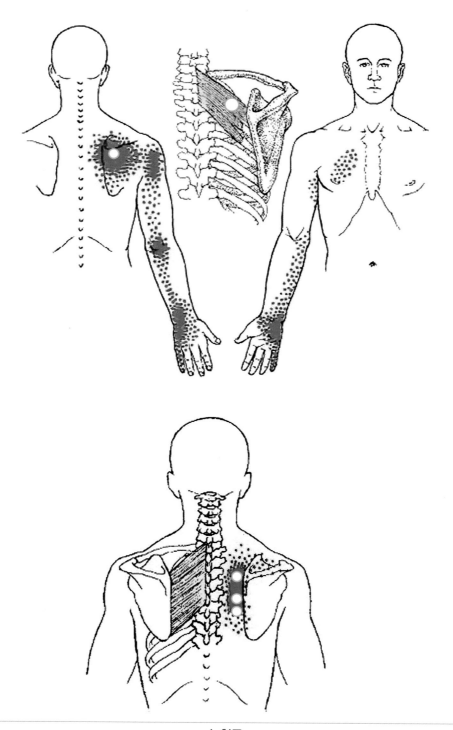

능형근

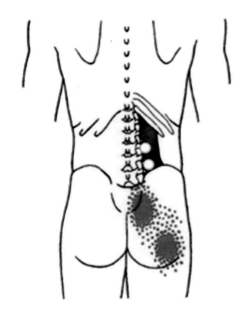

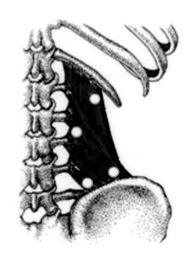

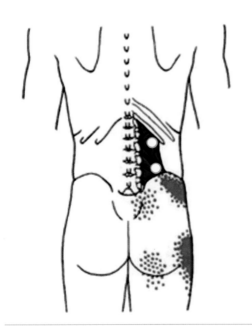

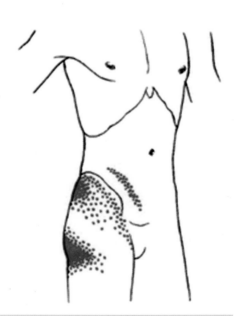

요방형근

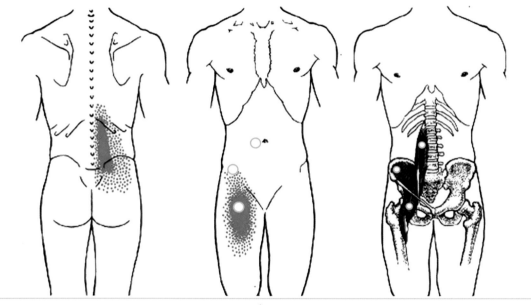

장요근

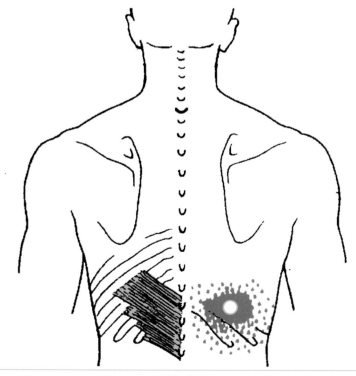

하후거근

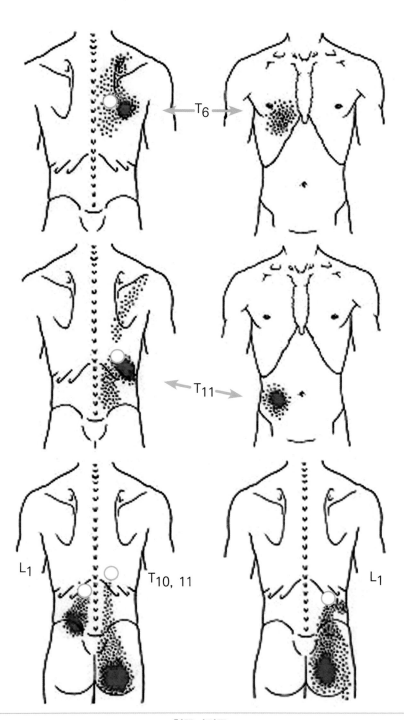

척주기립근

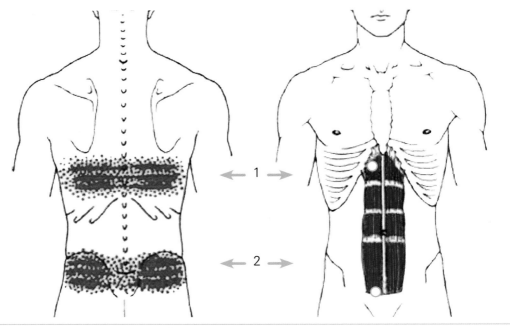

복직근

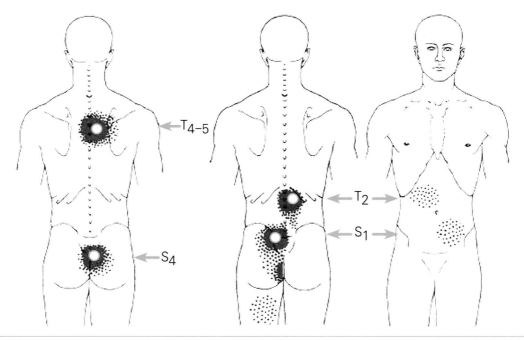

다열근, 회선근

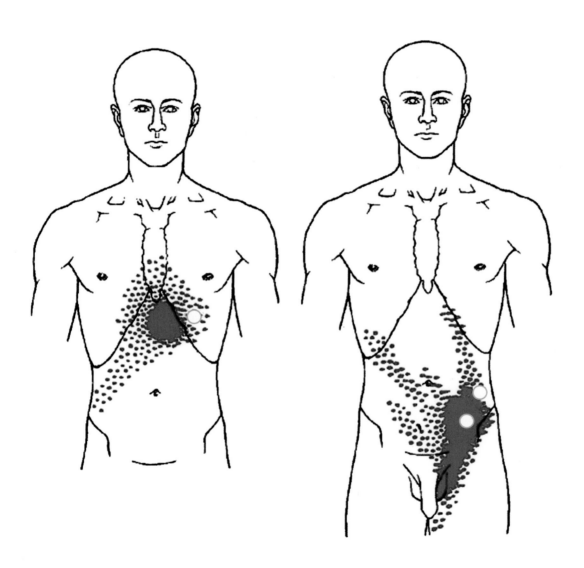

외복사근

허리부위의 동작 시 통증과 관련된 테이핑

허리부위를 굽히거나 젖힐 때 통증

◀ 허리를 굴곡하거나 신전시킬 때

동작	통증	비고
(서 있는 자세) 굴곡	1. 복직근(배곧은근, Rectus Abdominis)	
	2. 내복사근(배속빗근, Internal oblique), 외복사근(배바깥빗근, External oblique)	
	3. 척주기립근(척주세움근, Erector spinae)	
	4. 대둔근(큰볼기근, Gluteus maximus)	
	5. 사두근(네갈래근, Quadraceps)	
	6. 전사각근(앞목갈비근, Anterior Scalenus)	
	7. 설골근(목뿔근, Hyoids)	
(서 있는 자세) 신전	1. 척주기립근(척주세움근, Erector spinae)	
	2. 대둔근(큰볼기근, Gluteus maximus), 중둔근(중간볼기근, Gluteus medius), 대퇴근막장근(넙다리근막긴장근, Tensor fasciae latae)	
	3. 흉요추 이행부(Thoracolumbar Junction)	
	4. 외복사근(배바깥빗근, External oblique)	
	5. 광배근(넓은등근, Latissimus dorsi)	
	6. 제어 작용	

허리를 굽힐 때 통증 시 테이핑

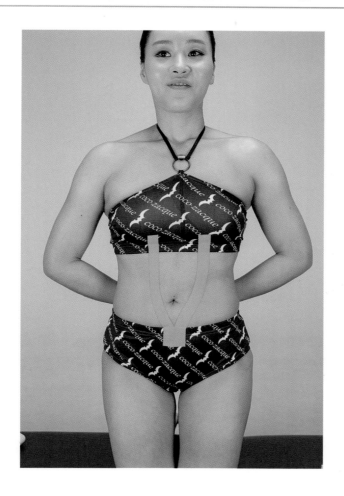

복직근, 내복사근, 척주기립근, 대둔근, 대퇴사두근, 전사각근, 설골근 등에 이상이 있으면 허리를 굽힐 때 허리 통증이 일어난다. 이 경우 5cm×30cm Y자형 테이프를 사진과 같이 배꼽을 중심으로 대칭이 되도록 복직근에 테이핑한다.

허리를 펼 때 통증 시 테이핑

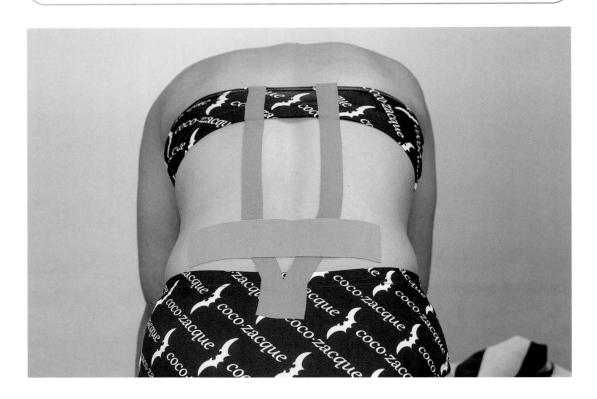

척주기립근, 대둔근, 중둔근, 대퇴근막장근, 흉추, 요추의 작용근, 외복사근, 광배근, 햄스트링 등에 이상이 있으면 허리를 펼 때 통증이 일어난다. 이 경우 5cm×30cm Y자형 테이프와 5cm×25cm I자형 테이프를 사진과 같이 척주기립근에 테이핑한다.

허리를 측굴시키거나 회전할 때 통증

허리를 측굴할 때

동작	통증	비고
(서 있는 자세) 측굴	1. 내복사근(배속빗근, Internal oblique)	
	2. 외복사근(배바깥빗근, External oblique)	
	3. 광배근(넓은등근, Latissimus dorsi)	
	4. 척주기립근(척주세움근, Erector spinae)	
	5. 중둔근(중간볼기근, Gluteus medius)	

허리를 회전할 때

동작	통증	비고
(서 있는 자세) 회전	1. 외복사근(배바깥빗근, External oblique)	
	2. 광배근(넓은등근, Latissimus dorsi)	

허리를 측굴시킬 때 통증 시 테이핑

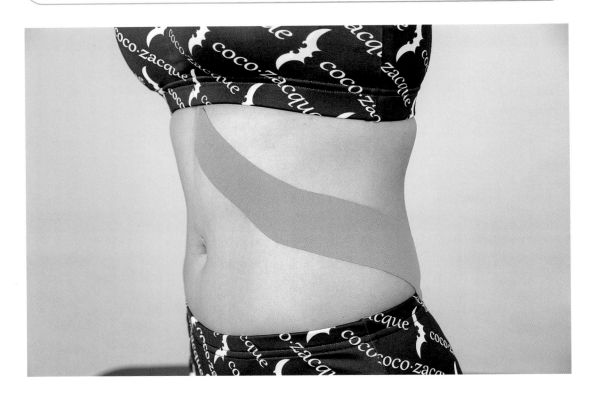

　내복사근, 외복사근 상하부, 광배근 상부, 척주기립근, 중둔근 등에 이상이 있으면 허리를 옆으로 굽히지 못한다. 이 경우 5cm×25cm 정도의 테이프로 사진과 같이 내복사근에 테이핑한다.

허리를 돌릴 때 통증 시 테이핑

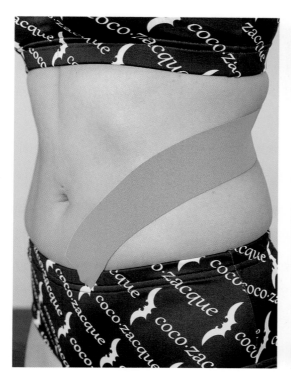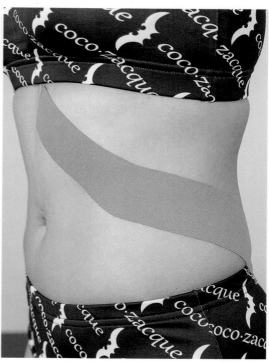

외복사근 상하부, 내복사근에 이상이 있으면 허리를 돌릴 때 통증이 일어난다. 이 경우 5cm×30cm 테이프를 사진과 같이 배꼽 아래의 단전에서 시작하여, 하나는 옆구리 갈비뼈를 향하여 흉추 12번째로 향하고, 하나는 장골능(옆구리 측면)에서 시작하여 늑골연 12(명치)를 향해 테이핑한다. 이렇게 하면 빠르면 4~5회, 늦어도 2개월이면 회복된다.

요통의 원인과 증상

요통의 원인

요통은 인간이 직립으로 보행함으로써 시작된다. 서서 걷게 됨으로써 인간은 양손을 자유롭게 사용하고, 두뇌도 발달시켜 편리한 사회생활을 구현하게 되었지만, 그 대가로 요통이라는 질병을 얻게 되었다. 그러면 요통의 원인은 무엇인가?

첫째, 좋은 자세를 유지하지 못한 데에서 시작된다. 여기서 좋은 자세란 앉은 자세, 선 자세, 걷는 자세, 운동하는 자세 등 어떠한 경우라도 척주를 중심으로 균형 있게 작용하고 있을 때의 자세를 말한다. 즉 허리 통증은 나쁜 자세가 습관이 되어 나타나는 것이다. 내적으로는 소모성 질환, 즉 만성 위장장애나 암 등으로 몸에 영양을 주지 못하거나, 편식으로 인한 영양장애도 몸의 균형을 잃게 하는 원인이 된다.

둘째, 문명의 발달로 인한 요통을 들 수 있다. 생활방식의 변화, 자동차 문화, 엘리베이터 이용, 한쪽만 사용되는 골프와 볼링, 컴퓨터의 보급 등 발달한 현대사회의 문명이 인간의 자세를 나쁘게 하고, 운동을 못하게 방해한다.

① 선천적인 요추관절의 불균형(요추화 : 요추가 6개, 천추화 : 요추가 4개)으로 인한 허리 통증

② 척추 종양(수막종, 신경초종, 골육종, 골아세포종, 골수종, 척추암 등)으로 인한 허리 통증

③ 허리를 다침으로써 오는 요통과 신경통, 즉 요추 염좌(일명 '담')

④ 척추분리증(허리 관절과 관절 사이에 금이 가는 현상)

⑤ 골다공증에 의한 허리 통증

⑥ 류머티스 관절염, 강직성 척추염에 의한 허리 통증

⑦ 디스크(요추디스크 탈출증)에 의한 허리 통증

⑧ 척추 결핵, 세균성/화농성 염증, 만성 골수염, 진균성 감염, 요추간판염, 감염 등에 의한 허리 통증

⑨ 혈관 순환부전증, 일명 '버거씨병'

위와 같은 허리 질환을 모두 합해도 10%도 안 되며, 대부분 일반적인 요통이므로 올바른 자세와 테이핑 요법을 하면 정상 생활을 가능케 할 수도 있다.

▥ 요통의 증상

요추 염좌, 돌발성 요통, 등뼈의 골절, 횡돌기 골절, 디스크, 척추분리증, 척추 전위증, 척추 과민증, 강직성 척추염, 요부 척추관 협착증, 요부 퇴행성 관절염, 고관절 이상 등이 있다.

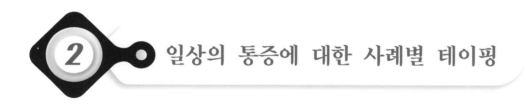

2 일상의 통증에 대한 사례별 테이핑

허리 주변의 테이핑(선 자세)

▥ 신전시킬 때의 통증

허리를 신전시킬 때 통증이 난다면 다음과 같은 순서로 테이핑한다.

① 척주기립근

② 둔부(대둔근, 이상근, 중둔근)

③ 외복사근

④ 광배근

⑤ 흉추나 요추의 이행부

⑥ 비복근

굴곡시킬 때의 통증

허리를 굴곡시킬 때 통증이 난다면 다음과 같은 순서로 테이핑한다.

① 복직근 : 초기에는 기시점, 중기에는 근복, 말기에는 정지부나 추체근을 테이핑한다.

② 복사근

③ 전사각근, 설골근

④ 슬근, 둔부의 근육, 척주기립근, 슬와근

측굴시킬 때의 통증

허리를 측굴시킬 때 통증이 난다면 다음과 같은 순서로 테이핑한다.

① 내복사근

② 외복사근 상부 및 하부

③ 광배근 상부

④ 중둔근

⑤ 척주기립근

회전시킬 때의 통증

① 외복사근 상부 및 하부

② 광배근

③ 오른쪽 장비골근과 왼쪽 후경골근 또는 왼쪽 장비골근과 오른쪽 후경골근

허리 주변의 테이핑(누운 자세)

라세그(Lasegue) 검사가 양성인 경우

바로 누운 자세에서 슬관절(무릎)을 신전시킨 채로 하지를 거상시키고, 발목을 수동으로 배측굴곡시켰을 때 좌골신경이 긴장되어 있다면 통증이 야기된다.

라세그 징후는 좌골신경이나 신경근을 신전시켰을 때 유발되는 통증 검사이다. 무릎을 굽히고 다리를 거상하면 좌골신경이나 신경근의 긴장도가 떨어져 통증은 나타나지 않는다. 또한 통상 좌골신경은 고관절 기준 6~70도 굴곡 위치에서 최대긴장에 도달하기 때문에 그 이상 각도에서는 라세그 징후(하지직거상 검사)에 해당되지 않는다.

① 대요근   ② 복사근   ③ 장골근

④ 대퇴사두근   ⑤ 봉공근   ⑥ 이상근

돌아누울 때의 통증

돌아누울 때 허리통증을 느끼면 흉추 12번을 체크하고 테이핑한다.

① 외복사근

② 내복사근

③ 광배근 상부

골반 동작에서의 통증 테이핑

① 장요근   ② 복사근

③ 대퇴사두근   ④ 봉공근

* 잔통이 있으면 장요근을 테이핑한다.

기타 동작과 증상에 맞는 테이핑

걸을 때 둔부에 통증이 있는 경우

대요근과 장골근이 합쳐진 장요근 양측에 테이핑한다.

앉았다가 일어설 때 통증이 있는 경우

돌아누울 때 허리 통증을 느끼면 흉추 12번을 체크하고 테이핑한다.
① 광배근 상부
② 외복사근 상부 및 하부
③ 중둔근
④ 대퇴근막장근

척추의 균형과 관련하여 통증이 있는 경우

① C7~T1(경추 7번에서 흉추 1번까지의 가로 테이핑)
② T7~T8(흉추 7번에서 흉추 8번까지의 가로 테이핑)
③ T12~L1(흉추 12번에서 요추 1번까지의 가로 테이핑)
④ L5~S1(요추 5번에서 천추 1번까지의 가로 테이핑)

TIP
❶ 경추 7번을 찾는 방법 : 머리를 숙여 목 뒤에 툭 튀어나온 곳
❷ 흉추 12번을 찾는 방법 : 양쪽 팔꿈치를 가로로 들어올린 상태에서 척추가 내려오는 곳에서 3~5cm되는 곳
❸ 요추 5번을 찾는 방법 : 허리 벨트 약간 밑쪽

대퇴, 고관절, 무릎, 발목의 통증에 대한 테이핑

테이핑 접근 방법과 근육

테이핑 접근 방법(굴곡 시 접촉 테스트)

① 슬괵근(햄스트링) 상부 3분의 1과 전경골근 상부 3분의 1을 함께 접촉 검사하여 유효하면 접촉한 부위만큼 '교차(cross)' 혹은 '한 일(―)'자(접촉 테스트 강약에 따라 나눔)로 테이핑한다.

② 슬괵근의 중 3분의 1과 전경골근의 중 3분의 1 부위

③ 슬괵근의 하 3분의 1과 전경골근의 하 3분의 1 부위

※ 위의 세 가지 중에서 가장 효과적인 부위에 테이핑한다.

테이핑 접근 방법(신전 시 접촉 테스트)

대퇴사두근과 비복근을 상 · 중 · 하부로 나누어 검사하되, 굴곡 패턴과 동일한 방식을 취한다.

① 테이핑을 하고 나서 다시 한 번 테스트한다.

② 다시 테스트한 후에 개선될 가능성이 보이면 하지 견인과 모빌리제이션(mobilization)을 추가한다.

③ 굴곡과 신전에서 모두 아프면 더 아픈 패턴 동작으로 정확하게 검사한 다음 이를 기준으로 테이핑한다.

④ 재검사할 때 다른 패턴 동작에서 통증이 발현하여 증가하는 경우에는 그에 관한 검사를 한 다음 테이핑한다.

⑤ 정밀한 검사와 테이핑을 되풀이한다.

⑥ 신전과 굴곡의 구분이 명확하지 않을 경우에는 무릎 앞 8줄, 무릎 뒤 5줄을 크로스 테이핑한 후 검사하면 구분하기 쉽다.

⑦ 다음과 같은 경우 추가 테이핑(무릎 앞 8줄, 무릎 뒤 5줄 크로스 테이핑)한다.

> » 통증이 있으면서 무릎이 불안정한 사람
> » 통증이 없으면서 무릎이 불안정한 사람
> » 동작 시 거퇴관절을 촉진하였을 때 발 부위의 움직임이 나쁜 사람
> » 무릎에 물이 고이기 쉬운 사람, 부종이 있는 사람
> » 무릎에 힘이 없는 사람
> » 슬개골이 가로 세로로 흔들림이 있는 사람
> » 근육의 당김이 있는 사람

▌ 테이핑할 때의 주의 사항

① 하지의 어느 부위에 통증이나 장애가 있다고 하더라도 전부를 굴곡 패턴과 신전 패턴에서 문진해야 한다.

② 급성기나 통증이 심해지면 근복에 접촉과 압박의 폭도 넓혀서 조금 강하게 테이핑한다.

③ 중기에는 근과 건의 이행부에, 만성기나 경증일 경우 근이나 건의 부착 부위에 테이핑하면 효과적이다.

▍ 고관절 및 무릎, 발목 움직임과 관련된 근육

1 대퇴이두근(넙다리두갈래근, Biceps femoris)

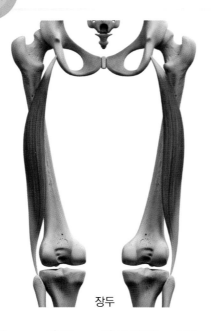

장두

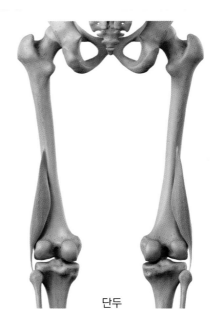

단두

이는곳 Origin
장두 – 좌골결절, 단두 – 대퇴골조선
(L.H) – Ischial tuberosity, (S.H) – Linea aspera of femur

닿는곳 Insertion
비골두
Head of fibula

작용 Action
장두 – 고관절의 신전, 단두 – 슬관절의 굴곡
슬관절 굴곡상태에서 외회전
(L.H) – Extension of hip, (S.H) – Flexion of knee
lateral rotation of flexed knee

TIP 슬괵근(뒤넙다리근, Hamstrings)은 총 4개의 근육인 반막양근, 반건양근, 대퇴이두근의 장두, 대퇴이두근의 단두로 나뉜다.

② 반막양근(반모양근, Semimembranosus), 반건양근(반힘줄모양근, Semitendinosus)

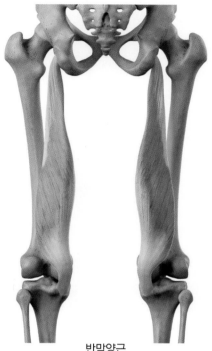

반막양근

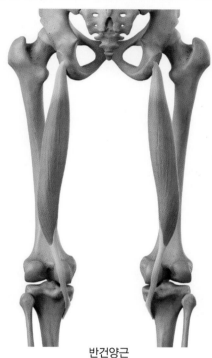

반건양근

이는곳 Origin

좌골결절

ischial tuberosity

닿는곳 Insertion

반막양근 – 경골과의 후내측면
반건양근 – 경골의 전상부

Semimembranosus – Posterior medial tibial condyle

Semitendinosus – anterior proximal tibial shaft

작용 Action

고관절의 신전, 슬관절의 굴곡, 슬관절 굴곡 상태에서 내회전

Extension of hip, flxion of knee, medial rotation of flexed knee

저항성 운동 검사

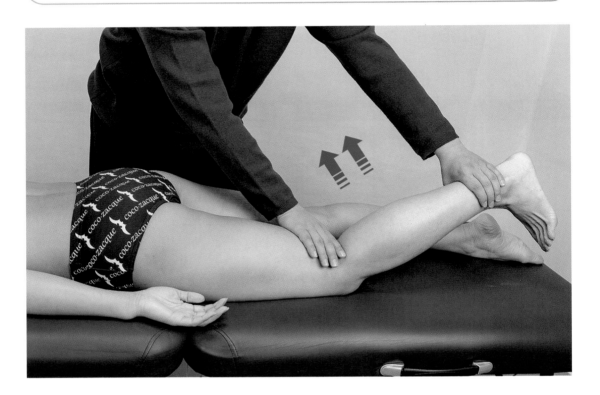

자 세

엎드린 자세에서 한쪽 무릎을 60°정도 구부린다.

시행자

시행자는 한 손은 대상자의 발목을 잡고, 다른 손은 허벅지를 잡아 무릎을 고정시킨다.

테스트 방법

시행자가 대상자의 다리를 내리려고 하면 대상자는 이에 저항한다.

※ 근력이 약하면 골반이 회전되거나, 발목이 배측굴곡된다.

슬괵근(햄스트링) 테이핑

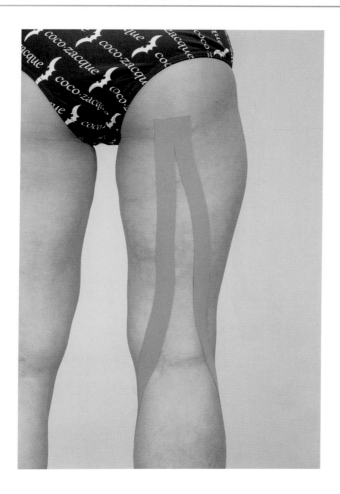

선 자세에서 허리를 굽혀 Y자형 테이프 5cm×35cm를 둔부 밑 중앙에서 시작하여 무릎 뒤로 두 갈래로 갈라서 테이핑한다.

❶ 대퇴이두근은 대퇴의 후외측면에서 촉진된다.
❷ 반막양근은 반건양근의 안쪽에 있기 때문에 촉진하기 어렵다.
❸ 반건양근은 슬관절 후면의 내측면에서 촉진된다.

3 대내전근(큰모음근, Adductor magnus)

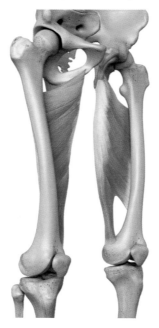

이는곳 Origin

전부섬유 – 치골지, 후부섬유 – 좌골조면

Anterior fibers – Pubic ramus, Posterior fibers – ischial tuberosity

닿는곳 Insertion

대퇴골 후면의 조선
대퇴골 내측의 내전근결절

Linea aspera of posterior femur

adductor tubercle of medial femur

작 용 Action

고관절 내전,
전부섬유 – 고관절 굴곡 보조,
후부섬유 – 고관절 신전 보조

Adduction of hip

anterior fibers – assist flexion of hip

posterior fibers – assist extension of hip

저항성 운동 검사

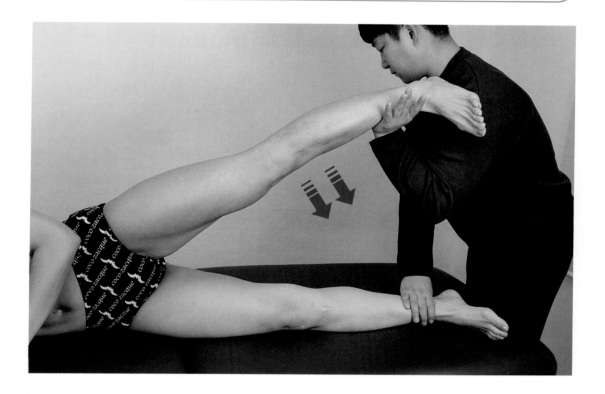

자 세

옆으로 누운 자세에서 한쪽 다리를 들어 올린다.

시행자

시행자는 한 손으로 대상자의 들어 올린 쪽 다리를 잡고, 다른 손은 반대쪽 다리를 잡는다.

테스트 방법

시행자가 대상자의 다리를 벌리려고 하면 대상자는 다리를 내전시켜 오므리려 한다.

※ 근력이 약하면 골반이 회전되거나, 고관절이 신전된다.

내전근 테이핑

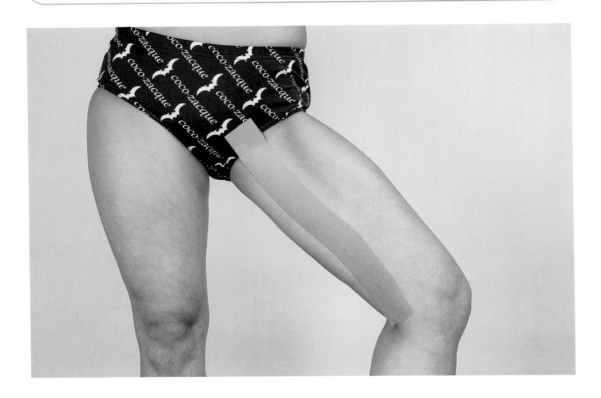

　다리를 벌린 상태에서 I자형 테이프 5cm×30cm를 사타구니에 깊숙이 붙이고, 다른 하나는 허벅지 안쪽 부위를 지나서 무릎의 내측 방향으로 붙인다.

TIP 내전근육은 장·단·대내전근이 있다. 그중 대내전근은 가장 크고 심부에 위치하고 있다.

4 장요근(엉덩허리근, Iliopsoas)

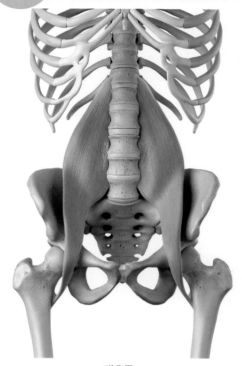

대요근

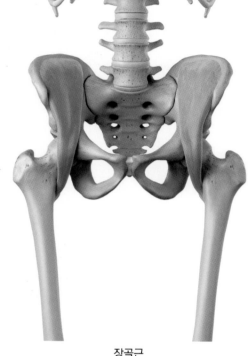

장골근

이는곳 Origin	대요근 – 흉추 12~요추 5(횡돌기)
	장골근 – 장골 내면
	Psoas major – T12~L5(Transverse processes)
	Iliacus – inner surface of ilium

닿는곳 Insertion	대퇴골의 소전자
	Lesser trochanter of femur

작용 Action	고관절의 굴곡, 외전, 외회전
	Flexion, abduction, lateral rotation of hip

장요근 테이핑

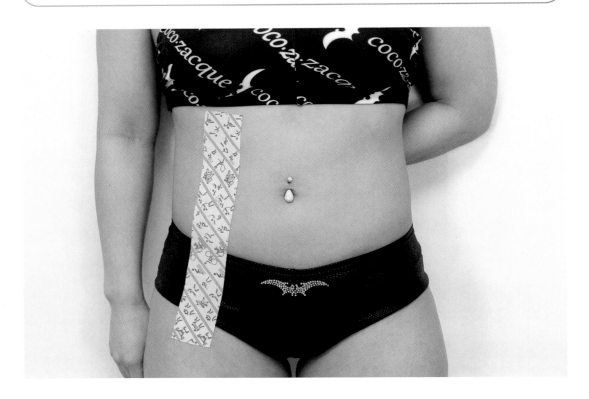

선 자세에서 몸을 스트레치(늘임)하고, I자형 테이프 5cm×30cm를 대퇴골 소전자(허벅지 중앙 부분의 가장 위쪽 지점)에서 시작하여 약 15°의 각을 이루며 배꼽의 측면을 향하여 테이핑한다.

TIP 소요근(작은허리근, psoas minor)은 설명하지 않았는데, 대부분의 사람들은 소요근이 나타나지 않는다.

5 치골근(두덩근, Pectineus)

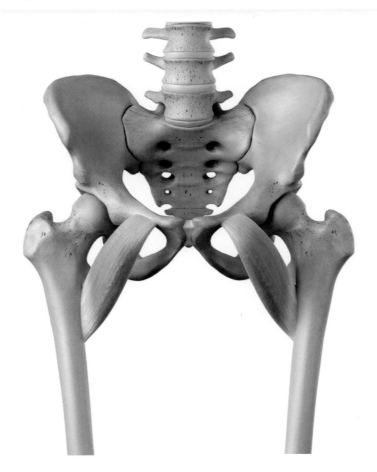

이는곳 Origin

치골 전면

Anterior pubis

닿는곳 Insertion

소전자와 대퇴골 후면의 조선 사이

Between lesser trochanter and linea aspera of posterior femur

작용 Action

고관절의 굴곡, 내전과 내회전 보조

Flexion of hip assists adduction and medial rotation

6 장내전근(긴모음근, Adductor longus), 단내전근(짧은모음근, Adductor brevis)

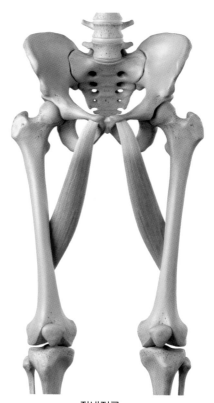
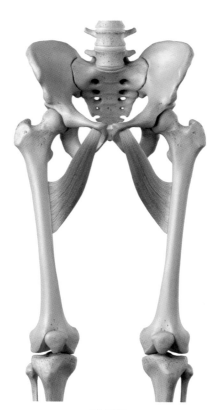

장내전근   단내전근

이는곳 Origin

치골 전면

Anterior pubis

닿는곳 Insertion

소전자와 대퇴골 후면의 조선 사이

Between lesser trochanter and linea aspera of posterior femur

작 용 Action

고관절의 굴곡, 내전과 내회전 보조

Flexion of hip assists adduction and medial rotation

7 봉공근(넙다리빗근, Sartorius)

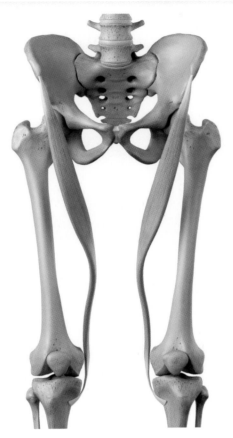

이는곳
Origin

전상장골극

Anterior superior iliac spine

닿는곳
Insertion

경골의 내측상부

Upper medial shaft of tibia

작 용
Action

고관절의 굴곡, 외전, 외회전 보조
슬관절의 굴곡, 내회전 보조

Assists flexion, abduction, lateral rotation of hip

Assists flexion, madial rotation of knee

저항성 운동 검사

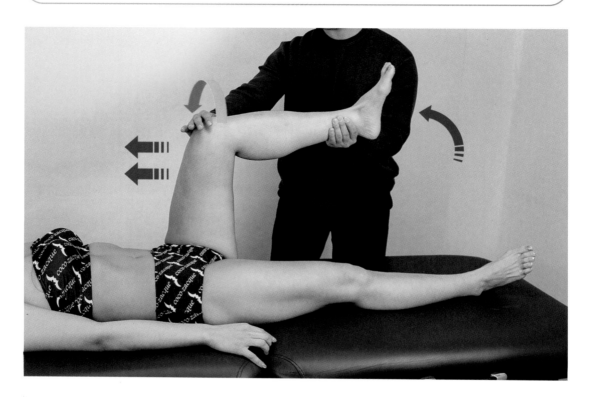

자 세

누운 자세에서 고관절과 무릎을 굴곡시키고 약간 외회전시킨다.

시행자

시행자는 한 손은 대상자의 무릎을 잡고, 다른 손은 종아리를 잡아 고정시킨다.

테스트 방법

대상자가 시행자의 고관절을 굴곡 · 외전 · 외회전시키려고 힘을 주면 시행자는 이를 저지한다.

※ 근력이 약하면 골반이 내전되거나 무릎이 굴곡된다.

봉공근 테이핑

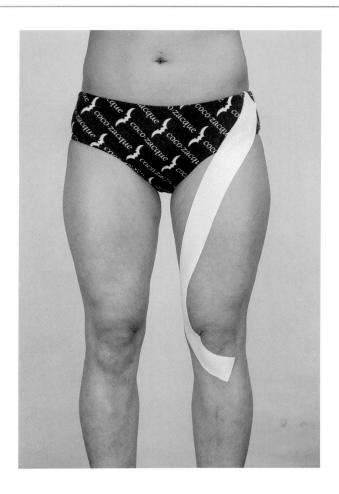

누운 상태에서 I자형 테이프 5cm×50cm를 장골능 외측(옆구리)에서 시작하여 45°의 각을 이루며 무릎 내측 방향으로 내려가 무릎 내측면 약간 아래로 붙인다.

 **TIP**

봉공근은 전상장골극 바로 아래 방향에서 촉진된다.

8 소둔근(작은볼기근, Gluteus minimus)

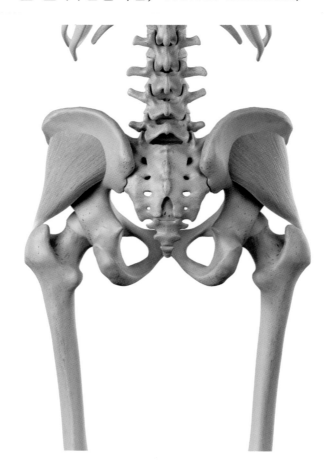

이는곳 Origin	장골 후부(중둔선과 하둔선 사이) Posterior ilium(btween middle and inferior gluteal lines
닿는곳 Insertion	대퇴골의 대전자 전면 Anterior surface of greater trochanter of femur
작 용 Action	고관절의 외전과 내회전 Abduction, medial rotation of hip

9 박근(두덩정강근, Gracilis)

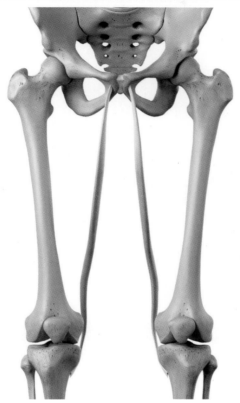

이는곳
Origin

치골 전부

Anterior Pubis

닿는곳
Insertion

경골 내측상부

Medial proximal tibia

작 용
Action

고관절 내전
슬관절 굴곡 보조
슬관절 굴곡 상태에서 내회전 보조

Adduction of hip

Assists flexion and medial rotation of flxed Knee

저항성 운동 검사

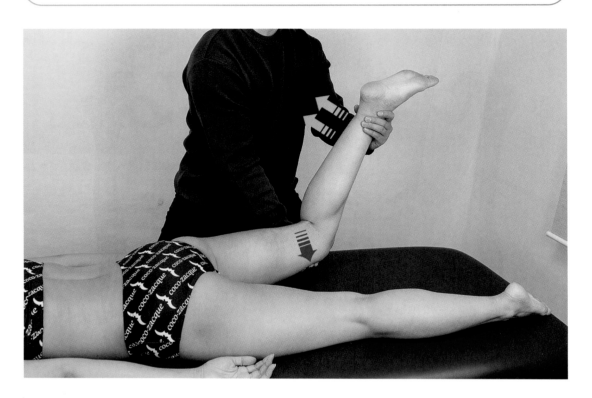

자 세

엎드린 상태로 다리를 약간 벌리고 무릎을 구부린다.

시행자

시행자는 대상자의 무릎과 발목을 각각 잡는다.

테스트 방법

시행자가 대상자의 다리가 외전되도록 잡고 무릎을 신전시키도록 힘을 주면 대상자는 이에 저항한다.

※ 근력이 약하면 골반이 회전, 측굴곡된다.

박근 테이핑

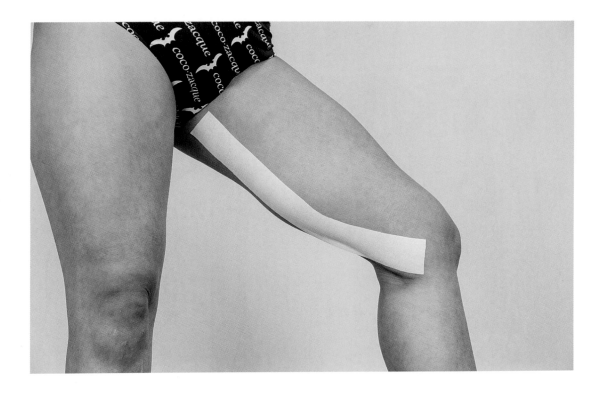

다리를 벌린 상태에서 I자형 테이프 2.5cm×30cm를 사타구니(치골)에서 시작하여 허벅지 내측면을 따라 무릎쪽에 낚시 바늘 모양(J)으로 감싼다.

 **TIP** 박근은 대퇴 내측의 치골 아래 부분에서 촉진되며, 슬관절 후면 내측방향으로 이어져 촉진할 수 있다.

10 심부에 있는 6개의 고관절외회전근(엉덩관절바깥돌림근)
(Six deep lateral rotation of the hip)

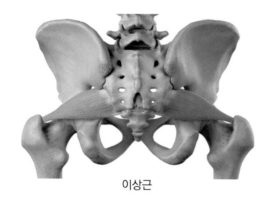

이상근

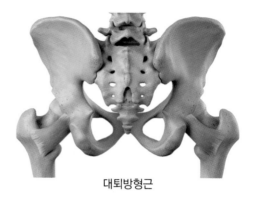

대퇴방형근

이는곳 Origin

천골 전면, 좌골, 폐쇄공

Anterior sacrum, ischium,
obturator foramen

닿는곳 Insertion

대퇴골의 대전자

Greater trochanter of femur

작 용 Action

고관절의 외회전

Lateral rotation of hip

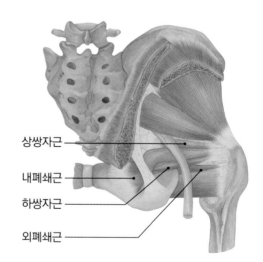

상쌍자근
내폐쇄근
하쌍자근
외폐쇄근

TIP

6개의 근육 : 이상근(궁둥구멍근), 상쌍자근(위쌍둥이근), 내폐쇄근(속폐쇄근), 하쌍자근(아래쌍둥이근), 외폐쇄근(바깥폐쇄근), 대퇴방형근(넓다리네모근)

Piriformis, Gemellus superior, Obturator internus, Gemellus inferior, Obturator externus, Quadratus femoris

이상근 테이핑

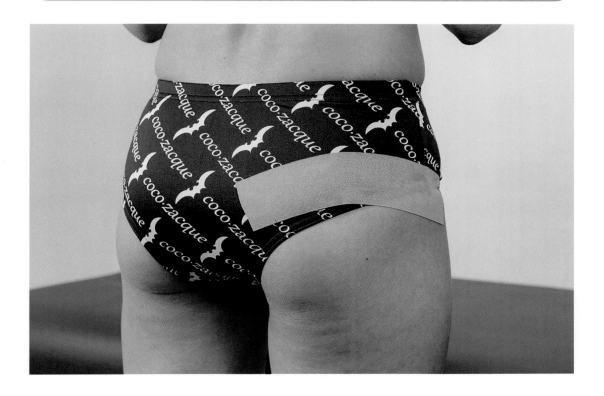

 붙이고자 하는 엉덩이쪽을 허리를 숙인 상태 또는 무릎을 가슴쪽으로 올린 상태에서 I자형 테이프 5cm×20cm를 대퇴골 대전자에서 시작하여 천골이 감싸지도록 35° 각도로 가로로 테이핑한다.

비복근 (장딴지근, Gastrocnemius)

이는곳
Origin

내측두 – 대퇴골 내측상과
외측두 – 대퇴골 외측상과

Medial head – medial epicondyle of femur
Lateral head – lateral epicondyle of femur

닿는곳
Insertion

종골(아킬레스)힘줄은 발꿈치 표면 종골에 부착

The calcaneal(achilles) tendon attaches to the posterior surface of
the calcaneus

작 용
Action

족관절의 저측굴곡
슬관절 굴곡보조

Plantar flexion of ankle
Assists flexion of Knee

저항성 운동 검사

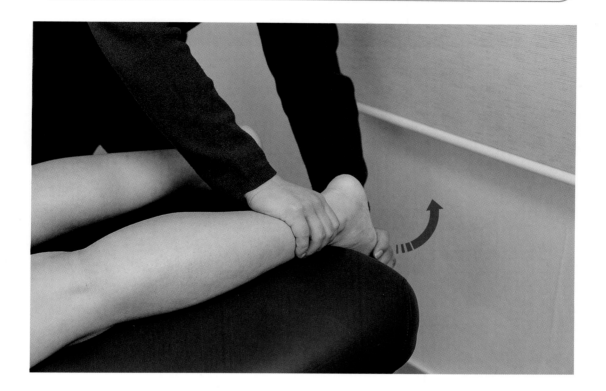

자 세

엎드린 자세에서 한쪽 다리를 저측굴곡한다.

시행자

시행자는 한 손은 대상자의 발바닥을 잡고, 다른 손은 발목을 잡아 고정시킨다.

테스트 방법

시행자가 대상자의 발목이 배측굴곡되도록 밀면 대상자는 이에 저항한다.

※ 근력이 약하면 무릎이 과신전된다.

비복근 테이핑

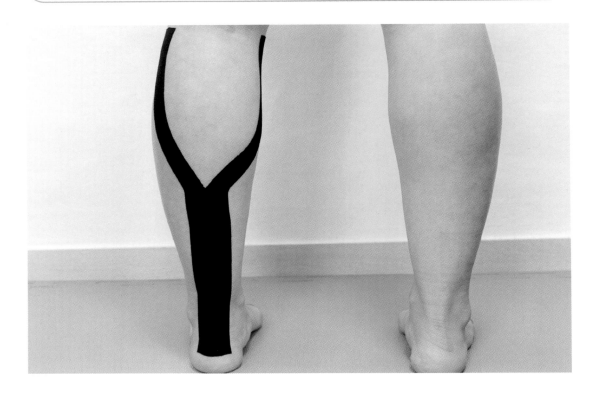

    종아리 부분에 강한 힘을 가하면 W모양의 근육이 형성되는데, 선 자세에서 Y자형 테이프 5cm×20cm를 이곳에서 시작하여 한 쪽은 무릎 뒤 외측으로, 다른 쪽은 무릎 뒤 내측으로 30°의 각으로 양쪽으로 테이핑한다.

비복근은 아킬레스건에서부터 이어져 있다.

12 족척근(장딴지빗근, Plantaris)

이는곳
Origin

대퇴골의 외측상과

Lateral epicondyle of femur

닿는곳
Insertion

종골(아킬레스)힘줄은 발꿈치 표면 종골에 부착

The calcaneal(achilles) tendon attaches to the posterior surface of the calcaneus

작 용
Action

족관절의 저측굴곡 보조
슬관절의 굴곡 보조

Assists plantarflxion of ankle

Assists flexion of knee

13 슬와근 (오금근, Popliteus)

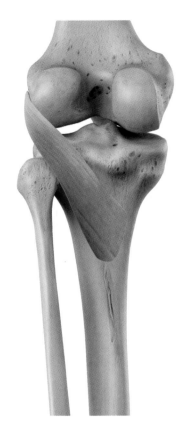

이는곳
Origin

대퇴골의 외측상과

Lateral epicondyle of femur

닿는곳
Insertion

경골의 후면 상부

Posterior proximal tibial shaft

작 용
Action

신전된 슬관절을 풀기 위해 경골을 내회전하여 슬관절 굴곡을 시작
하게 하는 작용

Initiates knee flxion by medial rotation of the tibia to 'unlock'
the extended knee

전경골근(앞정강근, Tibialis anterior)

이는곳
Origin

경골의 외측골간, 골간막
Lateral shaft of tibia interosseous membrane

닿는곳
Insertion

제1중족골의 저부, 제1설상골
Base of 1st metatarsal, First(medial) cuneiform

작 용
Action

발목의 배측굴곡, 내번
Dorsiflexion of ankle inversion of ankle

저항성 운동 검사

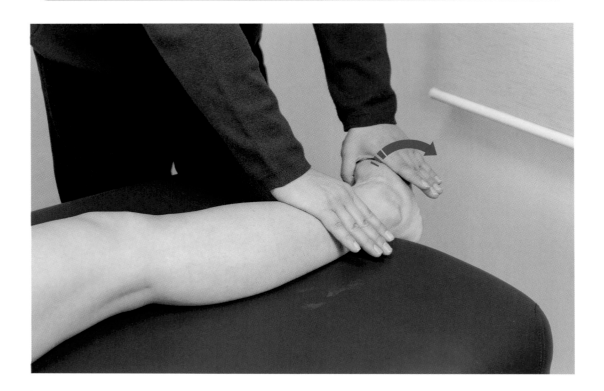

자세

누운 자세에서 발목을 내번, 배측굴곡한다.

시행자

시행자는 한 손은 대상자의 발등을 잡고, 다른 손은 발목을 잡아 고정시킨다.

테스트 방법

시행자가 대상자의 발목을 저측굴곡 · 외번 방향으로 잡아당기면 대상자는 이에 저항한다.

※ 근력이 약하면 발가락이 신전된다.

전경골근 테이핑

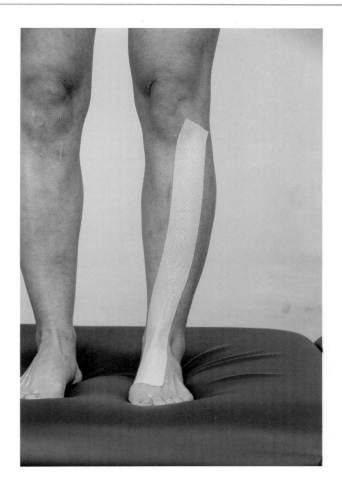

의자에 앉은 자세에서 I자형 테이프 5cm×50cm를 발바닥 제1중족골에서 시작해 경골(무릎 밑의 큰뼈)을 따라가면서 슬관절 부분을 향하여 약간 외측면을 따라 세로 방향으로 테이핑한다.

TIP   전경골근은 경골 외측면에서 촉진된다.

15 장지신근(긴발가락폄근, Extensor digitorum longus)

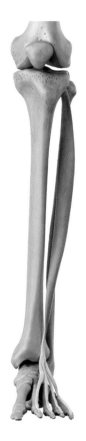

이는곳 Origin

경골의 외측과 비골의 전면 상부 2/3

Lateral condyle of tibia Proximal 2/3 of anterior shaft of fibula

닿는곳 Insertion

제2~5지의 중절골과 말절골

Middle and distal Phalanges of 4 lateral toe

작 용 Action

제2~5지의 신전

발목의 배측굴곡 보조

Extension of 4 lateral toes

assists dorsiflexion of ankle

16 제3비골근(셋째종아리근, Peroneus tertius)

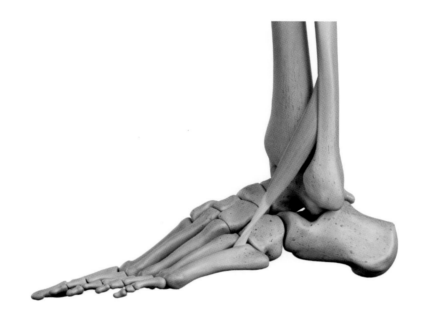

이는곳
Origin

비골 원위의 전면(장지신근과 같은 곳에서)

Anterior distal fibula

(with extensor digitorum longus)

닿는곳
Insertion

제5중족골 저부

Base of 5th metatarsal

작 용
Action

발목의 외번과 배측굴곡 보조

Eversion of foot

Assists dorsiflexion

17 장무지신근(긴엄지폄근, Extensor hallucis longus)

이는곳
Origin

비골 전면, 골간막
Anterior shaft of fibula, interosseous membrane

닿는곳
Insertion

무지말절골 저부
Base of distal phalanx of the great toe

작 용
Action

무지 신전, 발목의 배측굴곡 보조
Extension of great toe
assists dorsiflexion of ankle

18 가자미근(Soleus)

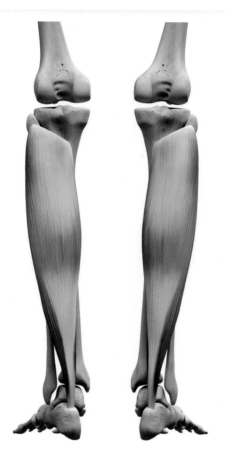

이는곳
Origin

경골의 가자미근선, 비골두 후방과 비골체 상부

Soleal line of tibia, Posterior head and upper shaft of fibula

닿는곳
Insertion

종골(아킬레스)힘줄은 발꿈치 표면 종골에 부착

The calcaneal(achilles) tendon attaches to the posterior surface of the calcaneus

작 용
Action

발목의 저측굴곡

Plantar flexion of ankle

저항성 운동 검사

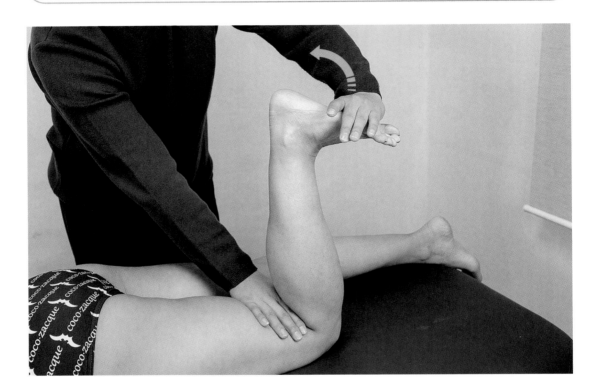

자 세

누운 자세에서 무릎을 굽히고 발목을 저측굴곡한다.

시행자

시행자는 한 손은 대상자의 발바닥을 잡고, 다른 손은 발목을 잡아 고정시킨다.

테스트 방법

시행자가 대상자의 발목을 배측굴곡 방향으로 누르면 대상자는 이에 저항한다.

※ 근력이 약하면 무릎이 신전된다.

가자미근 테이핑

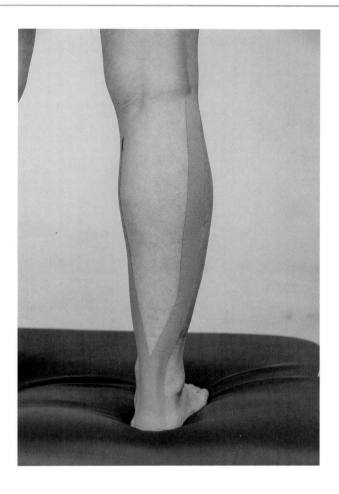

엎드린 자세에서 Y자형 테이프 5cm×40cm를 발꿈치 부위에서 시작하여 아킬레스건을 따라 올라와 하나는 비골두 후면부인 외측을 향하여 붙이고, 다른 하나는 경골 내측면의 중앙부인 내측을 향하여 테이핑한다.

TIP 가자미근은 하지의 외측에서(비복근 아래 외측에서) 아킬레스건 부분까지 촉진된다.

19 장비골근 (긴종아리근, Peroneus longus)

이는곳
Origin

비골 외측면(상 2/3)
Lateral shaft of fibula(Upper 2/3)

닿는곳
Insertion

제1중족골 저부, 제1설상골 저측면
Base of 1st metatarsal and 1st(medial)
cuneiform(plantar surface)

작 용
Action

발목의 외번, 저측굴곡 보조
Eversion of foot
assists plantar flexion of ankle

20 단비골근(짧은종아리근, Peroneus brevis)

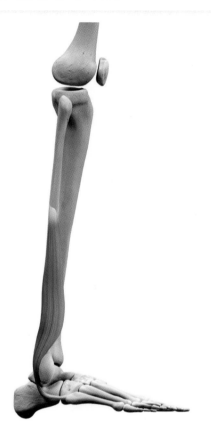

이는곳
Origin

비골 외측면(하 2/3)

Lateral shaft of fibula(Lower 2/3)

닿는곳
Insertion

제5중족골 저부

Base of 5th metatarsal

작 용
Action

발목의 외번, 저측굴곡 보조

Eversion of foot

Assists plantar flexion of ankle

21 후경골근(뒤정강근, Tibialis posterior)

이는곳
Origin

경골과 비골의 후면, 골간막
Posterior tibia, fibula and interosseous membrane

닿는곳
Insertion

주상골, 족근골에 인접하여 중족골의 저측면
Navicular bone, adjacent tarsals and metatarsals

작 용
Action

족관절의 내번, 저측굴곡 보조
Inversion of foot
assists plantarflexion of ankle

22 장무지굴근(긴엄지굽힘근, Flexor hallucis longus)

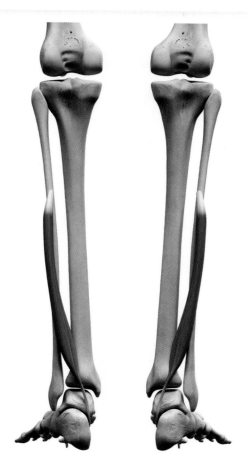

이는곳
Origin

비골 후면
Posterior fibula

닿는곳
Insertion

무지말절골 저측면
Distal phalanx of great toe(plantar surface)

작 용
Action

무지굴곡, 발목 저측굴곡 보조
Flexion of great toe
assists plantar flexion of ankle

23 장지굴근 (긴발가락굽힘근, Flexor digitorum longus)

이는곳
Origin

경골 후면
Posterior tibia

닿는곳
Insertion

제2~5지 말절골의 저측면
Distal phalanges of 4 lateral toes on plantar surface

작 용
Action

제2~5지 말절골 굴곡,
발목의 저측굴곡 보조
Flexion of 4 lateral toes
assists plantar flexion of ankle

하지의 동작 시 통증과 관련된 작용 근육

고관절(골반) 굴곡, 신전

통증	테이핑 작용 근육	비고
굴곡	1. 장요근(엉덩허리근, Iliopsoas)	
	2. 치골근(두덩근, Pectineus)	
	3. 대퇴근막장근(넙다리근막긴장근, Tensor fasciae latae)	
	4. 단내전근(짧은모음근, Adductor brevis)	
	5. 장내전근(긴모음근, Adductor longus)	
	6. 대내전근(큰모음근, Adductor magnus)	
	7. 대퇴직근(넙다리곧은근, Rectus femoris)	
	8. 봉공근(넙다리빗근, Sartorius)	
신전	1. 대둔근(큰볼기근, Gluteus maximus)	
	2. 대퇴이두근(넙다리두갈래근, Biceps femoris)	
	3. 반건양근(반힘줄모양근, Semitendinous)	
	4. 반막양근(반막모양근, Semimembranosus)	
	5. 대내전근(큰모음근, Adductor magnus)	

고관절(골반) 내전, 외전

통증	테이핑 작용 근육	비고
내전	1. 단내전근(짧은모음근, Adductor brevis)	
	2. 장내전근(긴모음근, Adductor longus)	
	3. 대내전근(큰모음근, Adductor magnus)	
	4. 박근(두덩정강근, Gracilis)	
	5. 치골근(두덩근, Pectineus)	
외전	1. 중둔근(중간볼기근, Gluteus medius)	
	2. 소둔근(작은볼기근, Gluteus minimus)	
	3. 장요근(엉덩허리근, Iliopsoas)	
	4. 대퇴근막장근(넙다리근막긴장근, Tensor fasciae latae)	
	5. 봉공근(넙다리빗근, Sartorius)	

◀ 고관절(골반) 외회전, 내회전

통증	테이핑 작용 근육	비고
외회전	1. 이상근(궁둥구멍근, Piriformis)	
	2. 상쌍자근(위쌍동이근, Gemellus superior)	
	3. 내폐쇄근(속폐쇄근, Obturator internus)	
	4. 하쌍자근(아래쌍동이근, Gemellus inferior)	
	5. 외폐쇄근(바깥폐쇄근, Obturator externus)	
	6. 대퇴방형근(넙다리네모근, Quadratus femoris)	
	7. 대둔근(큰볼기근, Gluteus maximus)	
	8. 장요근(엉덩허리근, Iliopsoas)	
내회전	1. 중둔근(중간볼기근, Gluteus medius)	
	2. 소둔근(작은볼기근, Gluteus minimus)	
	3. 대퇴근막장근(넙다리근막긴장근, Tensor fasciae latae)	
	4. 치골근(두덩근, Pectineus)	
	5. 장내전근(긴모음근, Adductor longus)	
	6. 단내전근(짧은모음근, Adductor brevis)	
	7. 대내전근(큰모음근, Adductor magnus)	

◀ 슬관절 굴곡, 신전

통증	테이핑 작용 근육	비고
굴곡	1. 대퇴이두근(넙다리두갈래근, Biceps femoris)	
	2. 반건양근(반힘줄모양근, Semitendinous)	
	3. 반막양근(반막모양근, Semimembranosus)	
	4. 봉공근(넙다리빗근, Sartorius)	
	5. 박근(두덩정강근, Gracilis)	
	6. 비복근(장딴지근, Gastrocnemius)	
	7. 족척근(장딴지빗근, Plantaris)	
	8. 슬와근(오금근, Popliteus)	
신전	1. 외측광근(가쪽넓은근, Vastus lateralis)	
	2. 중간광근(중간넓은근, Vastus intermedius)	
	3. 내측광근(안쪽넓은근, Vastus medialis)	
	4. 대퇴직근(넙다리곧은근, Rectus femoris)	
	5. 대퇴근막장근(넙다리근막긴장근, Tensor fasciae latae)	

족관절(발목) 배측굴곡, 저측굴곡, 내번, 외번

통증	테이핑 작용 근육	비고
배측굴곡	1. 전경골근(앞정강근, Tibials anterior)	
	2. 장지신근(긴발가락폄근, Extensor digitorum longus)	
	3. 제3비골근(셋째종아리근, Peroneus tertius)	
	4. 장무지신근(긴엄지폄근, Extensor hallucis longus)	
저측굴곡	1. 비복근(장딴지근, Gastrocnemius)	
	2. 가자미근(Soleus)	
	3. 족척근(장딴지빗근, Plantaris)	
	4. 장비골근(긴종아리근, Peroneus longus)	
	5. 단비골근(짧은종아리근, Peroneus brevis)	
	6. 후경골근(뒤정강근, Tibialis posterior)	
	7. 장무지굴근(긴엄지굽힘근, Flexor hallucis longus)	
	8. 장지굴근(긴발가락굽힘근, Flexor digitorum longus)	
내번	1. 전경골근(앞정강근, Tibials anterior)	
	2. 후경골근(뒤정강근, Tibialis posterior)	
외번	1. 제3비골근(셋째종아리근, Peroneus tertius)	
	2. 장비골근(긴종아리근, Peroneus longus)	
	3. 단비골근(짧은종아리근, Peroneus brevis)	

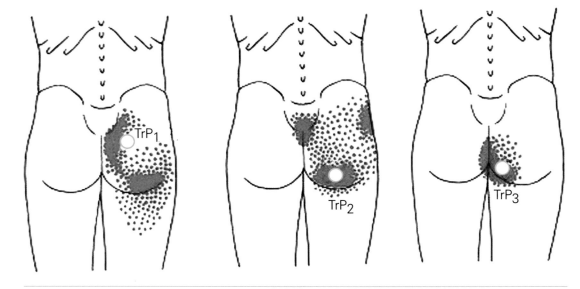

대둔근

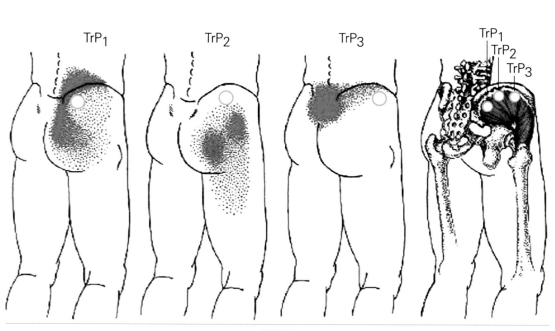

중둔근

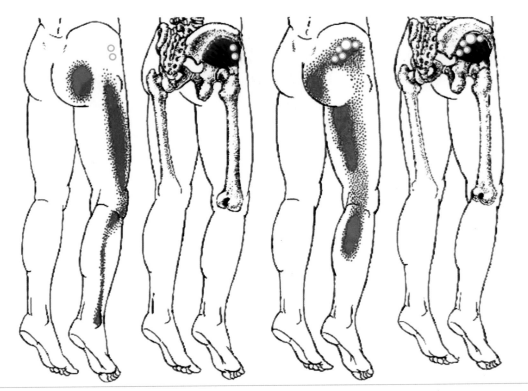

소둔근

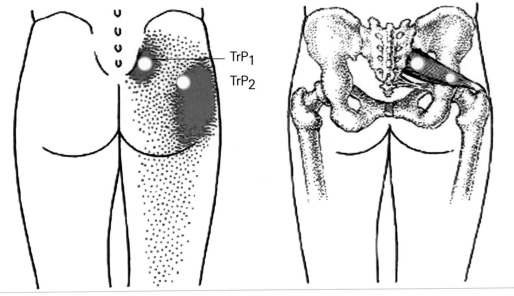

TrP₁

TrP₂

이상근

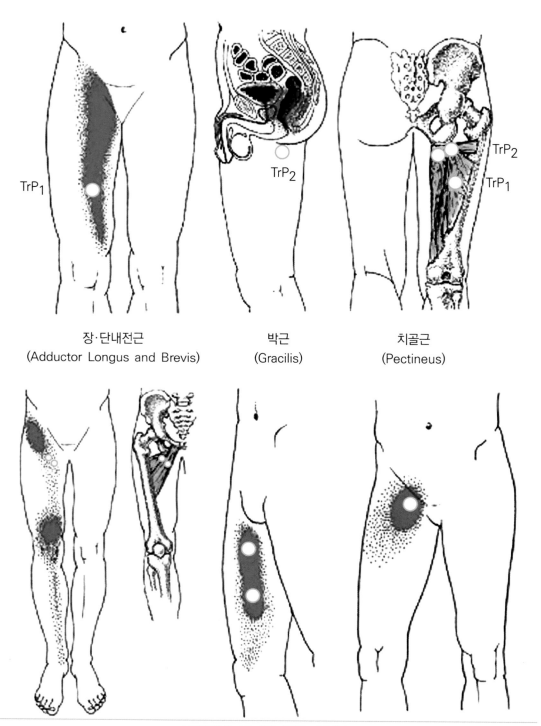

장·단내전근
(Adductor Longus and Brevis)

박근
(Gracilis)

치골근
(Pectineus)

내전근(대, 장, 단), 박근, 치골근

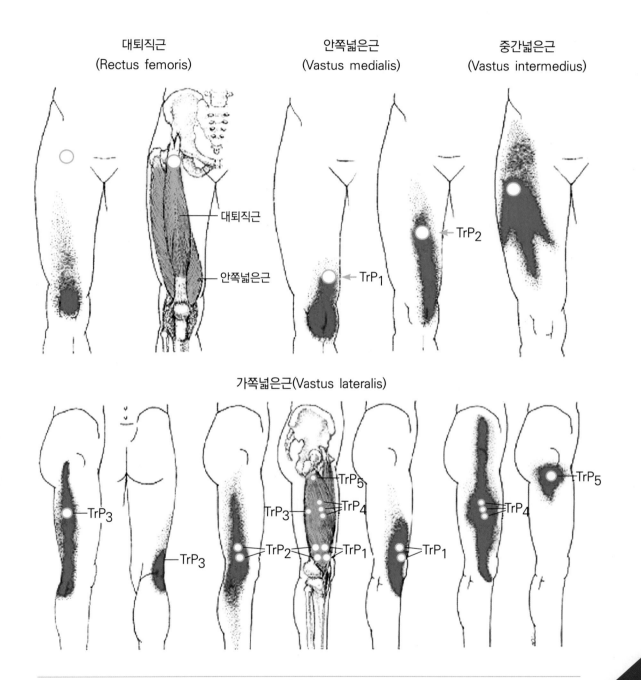

대퇴직근
(Rectus femoris)

안쪽넓은근
(Vastus medialis)

중간넓은근
(Vastus intermedius)

대퇴직근

안쪽넓은근

TrP_1

TrP_2

가쪽넓은근(Vastus lateralis)

TrP_3

TrP_3

TrP_5

TrP_3

TrP_4

TrP_2

TrP_1

TrP_1

TrP_5

TrP_4

대퇴사두근

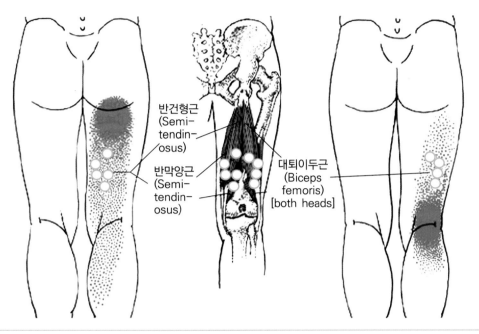

반건형근
(Semi-
tendin-
osus)

반막양근
(Semi-
tendin-
osus)

대퇴이두근
(Biceps
femoris)
[both heads]

햄스트링

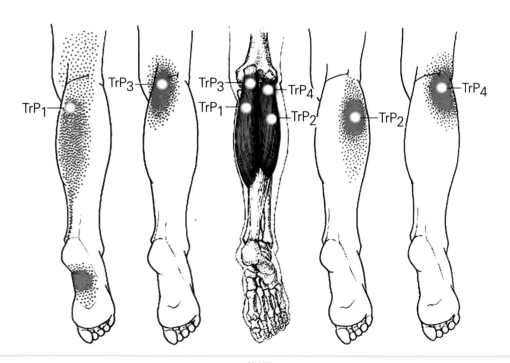

TrP$_1$

TrP$_3$

TrP$_3$

TrP$_1$

TrP$_4$

TrP$_2$

TrP$_2$

TrP$_4$

비복근

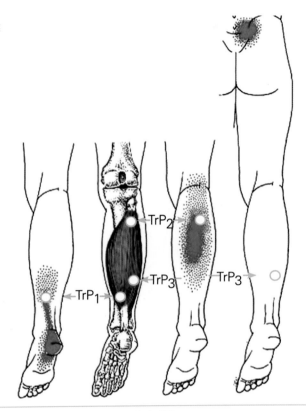

가자미근

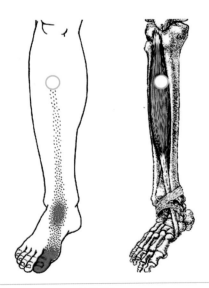

전경골근

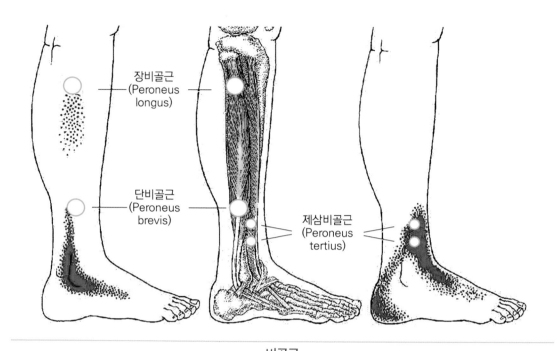

장비골근
(Peroneus longus)

단비골근
(Peroneus brevis)

제삼비골근
(Peroneus tertius)

비골근

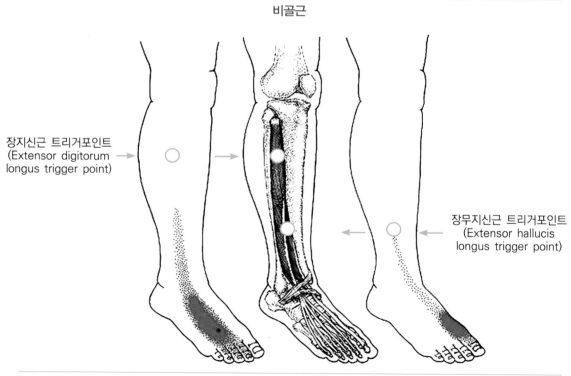

장지신근 트리거포인트
(Extensor digitorum longus trigger point)

장무지신근 트리거포인트
(Extensor hallucis longus trigger point)

장지신근, 장무지신근

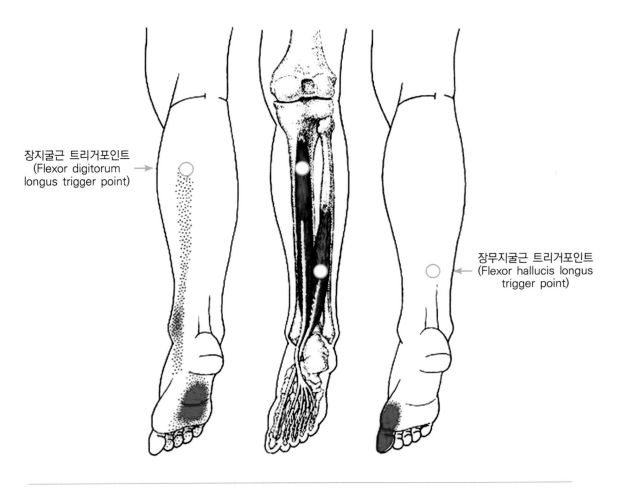

장지굴근 트리거포인트
(Flexor digitorum
longus trigger point)

장무지굴근 트리거포인트
(Flexor hallucis longus
trigger point)

장지굴근, 장무지굴근

동작 시 통증과 관련된 테이핑

고관절(골반)을 움직일 때 통증

골반을 굴곡하거나 신전할 때

동작	통증	비고
굴곡	1. 장요근(엉덩허리근, Iliopsoas)	
	2. 치골근(두덩근, Pectineus)	
	3. 대퇴근막장근(넙다리근막긴장근, Tensor fasciae latae)	
	4. 단내전근(짧은모음근, Adductor brevis)	
	5. 장내전근(긴모음근, Adductor longus)	
	6. 대내전근(큰모음근, Adductor magnus)	
	7. 대퇴직근(넙다리곧은근, Rectus femoris)	
	8. 봉공근(넙다리빗근, Sartorius)	
신전	1. 대둔근(큰볼기근, Gluteus maximus)	
	2. 대퇴이두근(넙다리두갈래근, Biceps femoris)	
	3. 반건양근(반힘줄모양근, Semitendinous)	
	4. 반막양근(반막모양근, Semimembranosus)	
	5. 대내전근(큰모음근, Adductor magnus)	

골반을 외전하거나 내전할 때

동작	통증	비고
내전	1. 단내전근(짧은모음근, Adductor brevis)	
	2. 장내전근(긴모음근, Adductor longus)	
	3. 반건양근(반힘줄모양근, Semitendinous)	
	4. 박근(두덩정강근, Gracilis)	
	5. 치골근(두덩근, Pectineus)	
외전	1. 중둔근(중간볼기근, Gluteus medius)	
	2. 소둔근(작은볼기근, Gluteus minimus)	
	3. 장요근(엉덩허리근, Iliopsoas)	
	4. 대퇴근막장근(넙다리근막긴장근, Tensor fasciae latae)	
	5. 봉공근(넙다리빗근, Sartorius)	

◖ 골반을 내회전하거나 외회전할 때

동작	통증	비고
외회전	1. 이상근(궁둥구멍근, Piriformis)	
	2. 상쌍자근(위쌍동이근, Gemellus superior)	
	3. 내폐쇄근(속폐쇄근, Obturator internus)	
	4. 하쌍자근(아래쌍동이근, Gemellus inferior)	
	5. 외폐쇄근(바깥폐쇄근, Obturator externus)	
	6. 대퇴방형근(넙다리네모근, Quadratus femoris)	
	7. 대둔근(큰볼기근, Gluteus maximus)	
	8. 장요근(엉덩허리근, Iliopsoas)	
내회전	1. 중둔근(중간볼기근, Gluteus medius)	
	2. 소둔근(작은볼기근, Gluteus minimus)	
	3. 대퇴근막장근(넙다리근막긴장근, Tensor fasciae latae)	
	4. 치골근(두덩근, Pectineus)	
	5. 장내전근(긴모음근, Adductor longus)	
	6. 단내전근(짧은모음근, Adductor brevis)	
	7. 대내전근(큰모음근, Adductor magnus)	

▦ 무릎을 굴곡 또는 신전할 때 통증

◖ 무릎을 굴곡 또는 신전할 때

동작	통증	비고
굴곡	1. 대퇴이두근(넙다리두갈래근, Biceps femoris)	
	2. 반건양근(반힘줄모양근, Semitendinous)	
	3. 반막양근(반막모양근, Semimembranosus)	
	4. 봉공근(넙다리빗근, Sartorius)	
	5. 박근(두덩정강근, Gracilis)	
	6. 비복근(장딴지근, Gastrocnemius)	
	7. 족척근(장딴지빗근, Plantaris)	
	8. 슬와근(오금근, Popliteus)	
신전	1. 외측광근(가쪽넓은근, Vastus lateralis)	
	2. 중간광근(중간넓은근, Vastus intermedius)	
	3. 내측광근(안쪽넓은근, Vastus medialis)	
	4. 대퇴직근(넙다리곧은근, Rectus femoris)	
	5. 대퇴근막장근(넙다리근막긴장근, Tensor fasciae latae)	

발목을 움직일 때 통증

발목을 배측/저측굴곡, 외번, 내번할 때

동작	통증	비고
배측굴곡	1. 전경골근(앞정강근, Tibials anterior)	
	2. 장지신근(긴발가락폄근, Extensor digitorum longus)	
	3. 제3비골근(셋째종아리근, Peroneus tertius)	
	4. 장무지신근(긴엄지폄근, Extensor hallucis longus)	
저측굴곡	1. 비복근(장딴지근, Gastrocnemius)	
	2. 가자미근(Soleus)	
	3. 족척근(장딴지빗근, Plantaris)	
	4. 장비골근(긴종아리근, Peroneus longus)	
	5. 단비골근(짧은종아리근, Peroneus brevis)	
	6. 후경골근(뒤정강근, Tibialis posterior)	
	7. 장무지굴근(긴엄지굽힘근, Flexor hallucis longus)	
	8. 장지굴근(긴발가락굽힘근, Flexor digitorum longus)	
내번	1. 전경골근(앞정강근, Tibials anterior)	
	2. 후경골근(뒤정강근, Tibialis posterior)	
외번	1. 제3비골근(셋째종아리근, Peroneus tertius)	
	2. 장비골근(긴종아리근, Peroneus longus)	
	3. 단비골근(짧은종아리근, Peroneus brevis)	

계단을 내려올 때 통증 시 테이핑

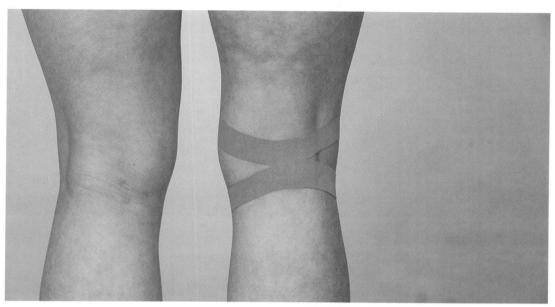

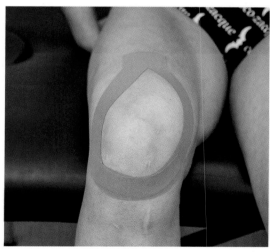 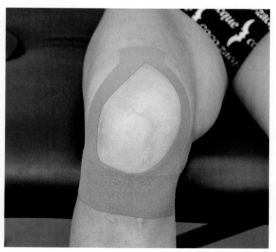

　5cm×10cm X자형 1개, 20cm I자형 1개와 30cm Y자형의 테이프를 사진과 같이 무릎 뒤쪽 양옆에 힘줄이 있는 곳(오금)으로 각각 붙이고, 하나는 사진과 같이 슬개골을 감쌀 수 있도록 Y자형으로 붙인다. 이후 무릎뼈 아래쪽에 가로로 추가적으로 붙인다.

계단을 올라갈 때 통증 시 테이핑

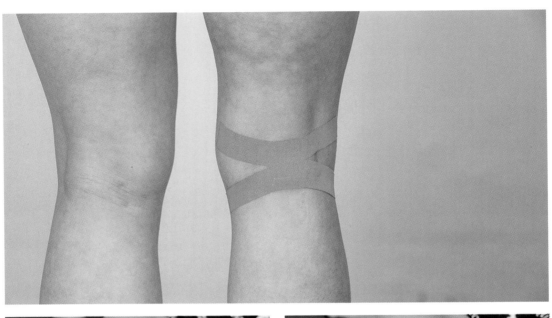

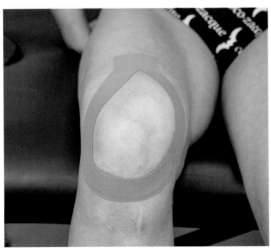
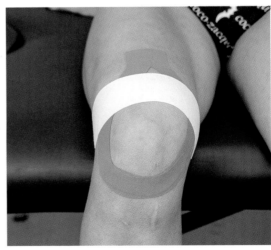

　5cm×10cm X자형 1개, 20cm I자형 1개와 30cm Y자형의 테이프를 사진과 같이 무릎 뒤쪽 양옆에 힘줄이 있는 곳(오금)으로 각각 붙이고, 하나는 사진과 같이 슬개골을 감쌀 수 있도록 Y자형으로 붙인다. 이후 무릎뼈 위쪽에 가로로 추가적으로 붙인다.

엄지발가락 통증 시 테이핑

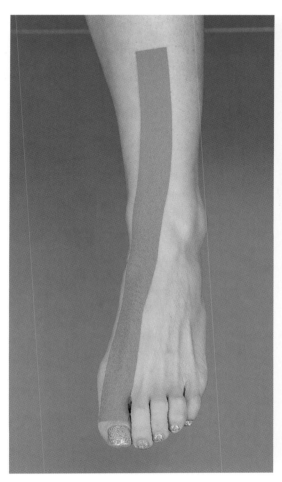 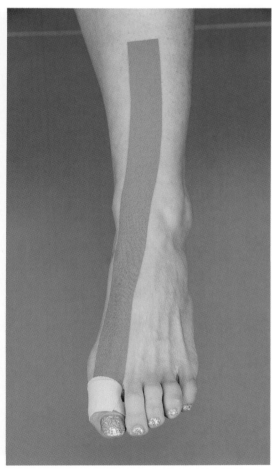

　2.5cm×25cm I자형 테이프의 엄지발가락을 시작으로 발등을 타고 정강이 우측 근육 방향으로 테이핑한다. 그리고 2.5cm×10cm의 테이프로 엄지발가락 부분을 감싸 마무리한다.

종아리 경련 시 테이핑

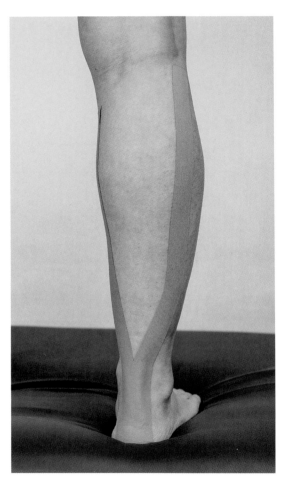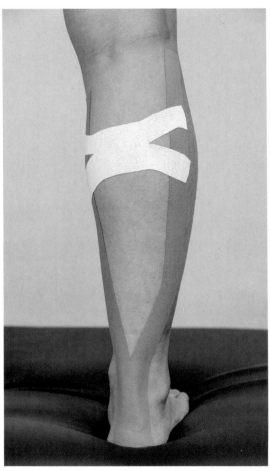

　　Y자형 테이프 30cm 1개와 X자형 테이프 20cm 1개를 발꿈치에서 시작하여 아킬레스건에서 Y자로 만들어 장딴지 근육을 안팎으로 감싸준다. 이후 X자 테이프 20cm는 장딴지의 시작점을 중심으로 링을 그리듯이 감싸준다.

발목 외측 염좌 시 테이핑

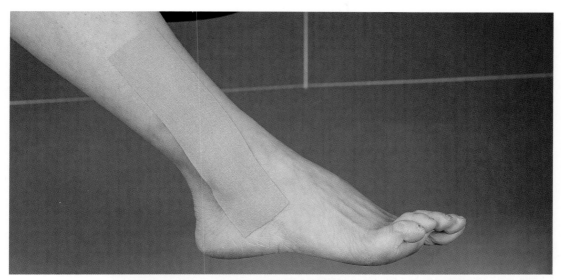

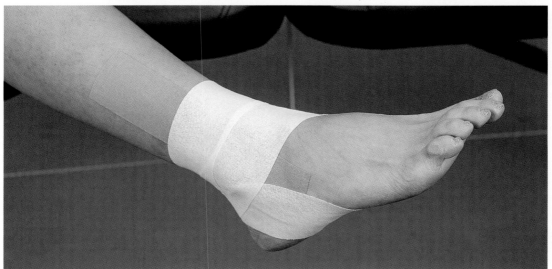

사진과 같이 5cm×20cm I자형 테이프를 외측 복사뼈 위치에 세로로 붙이고, 발목의 외측의 안정성을 높이기 위해 5cm×70cm I자형 테이프는 발바닥 아래에서 시작하여 외측복사뼈 방향으로 올라가면서 사진과 같이 감아준다.

발목 내측 염좌 시 테이핑

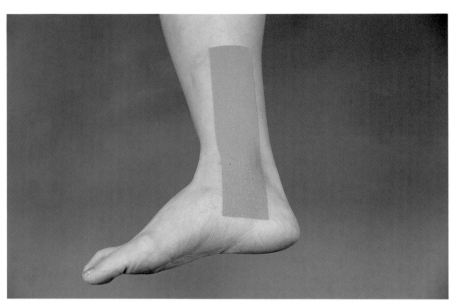

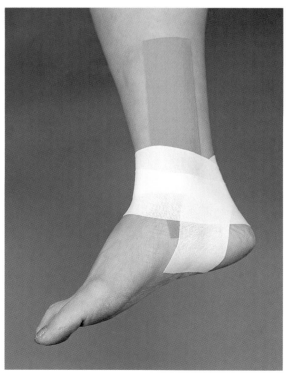

5cm×20cm I자형 테이프를 내측 복사뼈 위치에 세로로 붙이고, 발목의 내측의 안정성을 높이기 위해 5cm× 70cm I자형 테이프를 발바닥 아래에서 시작하여 내측복사뼈 방향으로 올라가면서 사진과 같이 감아준다.

일상의 통증에 대한 사례별 테이핑

하지 주변의 테이핑

특정 동작 시의 통증

사례 1 다음과 같은 굴곡 동작에서 통증이 있거나 더 심한 경우에는 (Ⅰ) 슬괵근(햄스트링), (Ⅱ) 전경골근, (Ⅲ) 장무지, 장지신근, (Ⅳ) 거퇴관절(경골/Tibia, 비골/Fibula, 거골/Talus) 전면의 건군을 테이핑한다.
① 의자에 앉는 동작
② 웅크리는 동작
③ 계단을 내려가는 동작
④ 한 발 또는 두 발로 뛰었다가 착지하는 동작
⑤ 장시간 동안 서 있다가 앉는 동작
⑥ 보행 시 힐 터치(Heel touch) 순간

사례 2 다음과 같은 신전 동작에서 통증이 있거나 더 심한 경우에는 (Ⅰ) 대퇴사두근, (Ⅱ) 하퇴삼두근, (Ⅲ) 족저근, (Ⅳ) 장무지, 장지굴근을 테이핑한다.
① 의자에서 일어설 때
② 웅크리고 있던 자세에서 일어설 때
③ 계단을 올라가는 동작
④ 한 발 또는 두 발로 뛰어올라 공중에 있을 때
⑤ 뛰어오른 순간
⑥ 보행 및 주행 시 무릎이 펴질 때

사례 3 신전시킬 때와 굴곡시킬 때 모두 아픈 경우에는 더 아픈 패턴의 동작을 개선하기 위한 테이핑을 먼저 하고, 개선의 기미가 보이면 하지 견인과 모빌리제이션(mobilization)을 추가한다.

사례 4 무릎 굴곡 동작 시에 통증이 있을 경우에는 무릎 앞부분 8줄, 무릎 뒷부분 5줄(비탄력 사용)을 크로스로 테이핑하면 효과가 좋다.

① 통증이 있으면서 무릎이 불안정한 사람
② 통증은 없지만 무릎이 불안정한 사람
③ 거퇴관절을 트랙션하였을 때 발부위의 미끄러짐이 나쁜 사람
④ 부종이 있는 사람(무릎에 물이 고이기 쉬운 사람)
⑤ 무릎에 힘이 없는 사람
⑥ 슬개골이 가로세로로 흔들림이 있는 사람
⑦ 근육의 당김이 있는 사람

▒ 특정 동작을 돕는 테이핑

보행과 관련된 근육은 테이핑을 하기 전에 슬관절과 족관절을 동시에 검사할 필요가 있다.

왜냐하면 보행 중에는 몸의 하중을 받아 슬관절과 족관절은 각각 역학적인 역할을 하기 때문이다.

⋮⋮ 체중 부하 검사 : 체중을 검사하려는 다리에 두고 굴곡·신전·회전 검사를 한다. 급성기나 노인은 환자의 병력과 몸상태를 확인하여 테이핑한다. 증상이 가벼울 때에는 체중 부하 검사를 실시한다.

(ⅰ) 무릎을 편 상태에서 체중을 싣고 외회전한다.

(ⅱ) 무릎을 편 상태에서 체중을 싣고 내회전한다.

⋮⋮ 체중 부하 검사가 어려울 때에는 저항 검사를 실시한다.

(ⅰ) 무릎을 바깥으로 밀 때 통증이 있으면 무릎 안쪽에 테이핑한다.

(ⅱ) 무릎을 안쪽으로 밀 때 통증이 있으면 무릎 바깥쪽에 테이핑한다.

대퇴사두근

작용

(ⅰ) 슬관절을 신전시킨다.

(ⅱ) 대퇴직근이 고관절에서 대퇴의 굴곡을 돕는다.

과부하를 받는 경우나 통증 유발점이 활성화될 경우

(ⅰ) 족저근의 기능이 소실될 때

(ⅱ) 무거운 것을 들거나 등에 졌을 때

(ⅲ) 무릎을 굽히고 행하는 운동일 때

(ⅳ) 직접 대퇴에 타박을 받았을 때

(ⅴ) 앉았다가 일어날 경우나 계단을 올라갈 때

내측광근 과부하

(ⅰ) 발의 회내가 심할 때(특히 편평족과 동반되어 있을 때)

(ⅱ) Morton disease(상대적으로 둘째발가락이 길고 엄지발가락이 짧은 것)

(ⅲ) Q-앵글이 증가될 때

(ⅳ) 오랫동안 무릎을 꿇고 앉을 때와 슬개골을 당기고 외측광근은 근위-외측 방향으로 당겨 정상적으로 슬개골의 움직임(트랙킹)을 조정한다.

증상 : 통증 유발점이 내측광근인 경우에는 무릎의 앞 내측, 중간의 연관통을 초래하여 무릎 깊숙한 곳에서 마치 관절염과 같이 예리한 통증으로 나타날 수도 있다. 내측광근에 병변이 만성화되면 근의 약화로 인해 무릎의 갑작스런 내회전할 때 무릎에 힘이 빠져 풀리는 증상과 함께 무릎을 뒤로 과다하게 젖히며 중간광근의 병변은 무릎을 완전히 펴는 것을 방해할 수 있다. 중간광근은 계단을 올라갈 때, 대퇴직근은 계단을 내려갈 때 문제가 있는 경우를 볼 수 있다.

※ 어린아이(유아 포함)들에게서의 이해할 수 없는 무릎과 대퇴의 통증이 대퇴사두근의 근막 통증증후근에 의해 오는 것은 생각보다 빈번하다.

슬괵근(햄스트링)

작용

(i) 고관절과 슬관절을 신전시킨다.

(ii) 대퇴이두근의 단두(short head)는 무릎의 굴곡 작용만 한다.

(iii) 반건양근은 무릎이 굽혀졌을 때 내회전을 돕고 대퇴이두근의 양두(both head)는 외회전을 돕는다.

(iv) 서서 허리를 굽힐 때는 슬괵근의 강한 활성화가 있으나 허리를 신전시킬 때는 작용하지 않는다.

(v) 선 자세에서 갑자기 허리를 굽힐 때 처음에는 슬괵근이, 다음에는 둔부의 근육이, 마지막으로 기립근이 제어 작용을 한다.

증상 : 걸을 때와 의자에 앉아 있을 때 통증이 있다.

의자에 앉아 있다가 일어날 때, 특히 가부좌(crossed knee)에서 일어날 때 통증 때문에 손으로 바닥이나 의자의 팔걸이를 붙잡고 일어나는 경향이 있다.

슬와근

작용

(i) 쪼그리고 앉거나 무릎을 굽히고 체중을 실을 때 대퇴가 전방으로 밀리지 않게 한다.

(ii) 대퇴가 고정되고 다리가 허공에 있을 때 경골을 내측으로 회전시킨다.

(iii) 체중을 딛고 있을 때 경골에 대하여 대퇴를 외회전시킨다.

증상

(i) 연관통은 무릎의 후방에 집중된다.

(ⅱ) 쪼그리고 앉을 때, 달릴 때, 비탈을 내려갈 때, 계단을 내려갈 때 통증을 느끼게 된다.

비복근

작용

(ⅰ) 발목을 저굴시킨다. 무릎이 굴곡 되어 있을 때 가장 효과적으로 작용한다.

(ⅱ) 슬관절의 굴곡을 돕는다.

(ⅲ) 체중을 싣고 있을 때 무릎의 안정성을 돕는다.

증상

(ⅰ) 발바닥, 장딴지, 슬와근, 대퇴의 후면 하부까지에 걸쳐 연관통이 나타난다.

(ⅱ) 비복근의 근막통증 증후군은 야간의 장딴지 경련과 간헐성 파행의 원인이 된다.

(ⅲ) 경사를 오를 때 슬와부에서 통증이 유발될 수 있다.

(ⅳ) 어린아이의 비복근 근막통증증후군은 성장 통증으로 오진하기 쉽다.

제 **5** 장

질환/부위별 테이핑

테이핑 요법의 주요 기전

분류	주요 기전
관절가동범위 확대를 위한 역할	동물 실험에 의하면 부종과 염증이 있으면 1주일 안에도 관절구축이 있을 수 있다고 보고된 바 있는데, 2회 이상 수동적으로 모든 범위로 운동시키면 관절 구축을 예방할 수 있다고 한다. 그러나 실제 통증으로 인하여 환자가 운동을 수행할 수 없는 경우를 임상에서 경험할 수 있다. 이때 테이핑은 가동범위의 증대와 부종 경감에 즉각적인 효과를 보여 큰 도움이 된다. 또한 추간판탈출증(HNP) 급성기 이후 슬괵근(Hamstring)의 스트레칭도 임상적으로 매우 중요하지만, 가정에서 운동할 때 통증으로 인하여 이를 기피하는 경향이 있다. 이런 경우에도 역시 테이핑은 매우 뛰어난 효과를 보인다.
관문조절설과의 관계	근육을 20~25%를 신장시킨 후 피부에 탄력 테이프(Elastic tape)를 붙이면 피부에 진동, 압력, 촉각의 자극을 지속적으로 준다. 이에 테이프는 큰섬유(Fiber)를 흥분시켜 섬유로부터의 교감신경(Sympathetic) 신경초를 차단하는 효과를 낸다.
근골격계의 비대칭을 교정하는 역할	근육의 동작 중 관절을 중심으로 한 원위부와 근위부 역학적 관계, 관절 주위 근육군 비틀림, 운동 방향, 질환 발생 이전의 밸런스의 흐트러짐 등을 파악하여 상호 억제 효과를 통한 근골격계의 비대칭을 교정하는 효과를 낸다.
혈관 운동 반사에 대한 효과	피부의 기분 좋은 자극은 말초적으로 근육이 이완되고 혈액 순환이 촉진되는 효과를 보인다. 따라서 혈관의 운동신경이 자극을 받거나 히스타민과 아세틴콜린의 분비가 증가하는 효과를 낸다.
관절 주위 근 긴장의 이완과 관절내압 감소 효과	관절 자체 질환의 경우 근육군의 보호 기준에 의한 내압을 감소시키기 위해 일정한 양상으로 관절가동범위를 제한하는 효과를 제공한다.
피부 · 근육 · 신경의 관계	피부 · 근육 이상 시 말초신경의 섬유 조직화는 신경으로의 혈액 순환을 촉진하여 원래의 병변에 영향을 주는 효과를 제공한다.
근수축 시 근복 자극 효과	근수축 시에는 근복 사이가 가장 좁아지는데, 테이핑을 하면 근복을 자극하여 근 긴장의 완화, 동통 감소, 근력 강화 등의 효과를 제공한다.
피부의 후지모토 반사 작용 효과	후지모토(Fusimotor) 반사 작용이란 감마운동 반사를 통하여 피부 밑의 근육이 수축하는 것을 말한다. 이 반사에 의한 근수축은 지속적이고 부드럽다. 따라서 피부 반사가 골격이 지닌 커다란 힘의 불균형과 병적 상태의 교정을 도와준다. 이렇게 되는 이유는 바로 근육의 안정성에서 힘이 나오는 것이지 단일 근육으로부터만 나오는 힘은 사실상 적기 때문이다. 또한 근육의 힘은 주동근만의 힘이 아니라 협력근과 길항근 등 모든 근육만의 균형에 의한 것이기 때문이다.
내장기-피부-체성 반사와 체성-내장기 반사의 관계	〈연관통〉 내부 장기의 구심성 섬유와 체성 신경-척수, 후각-외측, 척수-중추의 고리에 의한 관계 기전 등에 좋은 효과를 미친다.

2 심·혈관계 모식도

심장의 구조

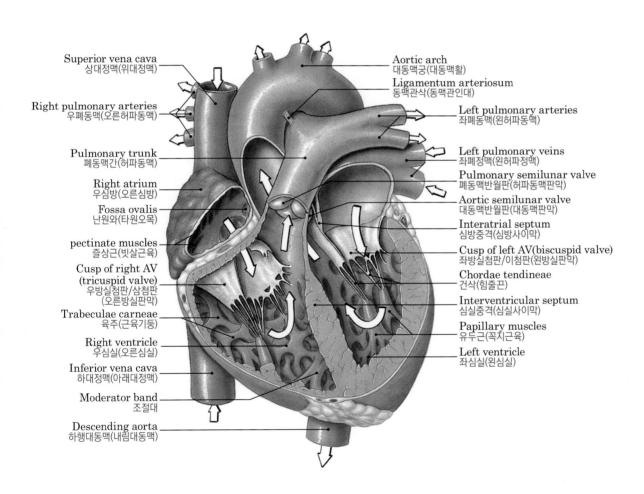

Superior vena cava
상대정맥(위대정맥)

Right pulmonary arteries
우폐동맥(오른허파동맥)

Pulmonary trunk
폐동맥간(허파동맥)

Right atrium
우심방(오른심방)

Fossa ovalis
난원와(타원오목)

pectinate muscles
즐상근(빗살근육)

Cusp of right AV
(tricuspid valve)
우방실첨판/삼첨판
(오른방실판막)

Trabeculae carneae
육주(근육기둥)

Right ventricle
우심실(오른심실)

Inferior vena cava
하대정맥(아래대정맥)

Moderator band
조절대

Descending aorta
하행대동맥(내림대동맥)

Aortic arch
대동맥궁(대동맥활)

Ligamentum arteriosum
동맥관삭(동맥관인대)

Left pulmonary arteries
좌폐동맥(왼허파동맥)

Left pulmonary veins
좌폐정맥(왼허파정맥)

Pulmonary semilunar valve
폐동맥반월판(허파동맥판막)

Aortic semilunar valve
대동맥반월판(대동맥판막)

Interatrial septum
심방중격(심방사이막)

Cusp of left AV(biscuspid valve)
좌방실첨판/이첨판(왼방실판막)

Chordae tendineae
건삭(힘줄끈)

Interventricular septum
심실중격(심실사이막)

Papillary muscles
유두근(꼭지근육)

Left ventricle
좌심실(왼심실)

인체의 혈관도

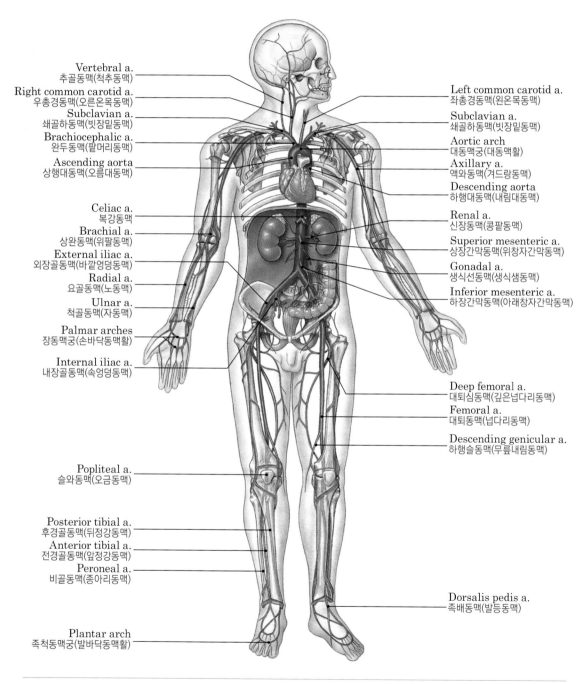

Vertebral a.
추골동맥(척추동맥)

Right common carotid a.
우총경동맥(오른온목동맥)

Subclavian a.
쇄골하동맥(빗장밑동맥)

Brachiocephalic a.
완두동맥(팔머리동맥)

Ascending aorta
상행대동맥(오름대동맥)

Celiac a.
복강동맥

Brachial a.
상완동맥(위팔동맥)

External iliac a.
외장골동맥(바깥엉덩동맥)

Radial a.
요골동맥(노동맥)

Ulnar a.
척골동맥(자동맥)

Palmar arches
장동맥궁(손바닥동맥활)

Internal iliac a.
내장골동맥(속엉덩동맥)

Popliteal a.
슬와동맥(오금동맥)

Posterior tibial a.
후경골동맥(뒤정강동맥)

Anterior tibial a.
전경골동맥(앞정강동맥)

Peroneal a.
비골동맥(종아리동맥)

Plantar arch
족척동맥궁(발바닥동맥활)

Left common carotid a.
좌총경동맥(왼온목동맥)

Subclavian a.
쇄골하동맥(빗장밑동맥)

Aortic arch
대동맥궁(대동맥활)

Axillary a.
액와동맥(겨드랑동맥)

Descending aorta
하행대동맥(내림대동맥)

Renal a.
신장동맥(콩팥동맥)

Superior mesenteric a.
상장간막동맥(위창자간막동맥)

Gonadal a.
생식선동맥(생식샘동맥)

Inferior mesenteric a.
하장간막동맥(아래창자간막동맥)

Deep femoral a.
대퇴심동맥(깊은넙다리동맥)

Femoral a.
대퇴동맥(넙다리동맥)

Descending genicular a.
하행슬동맥(무릎내림동맥)

Dorsalis pedis a.
족배동맥(발등동맥)

동맥계

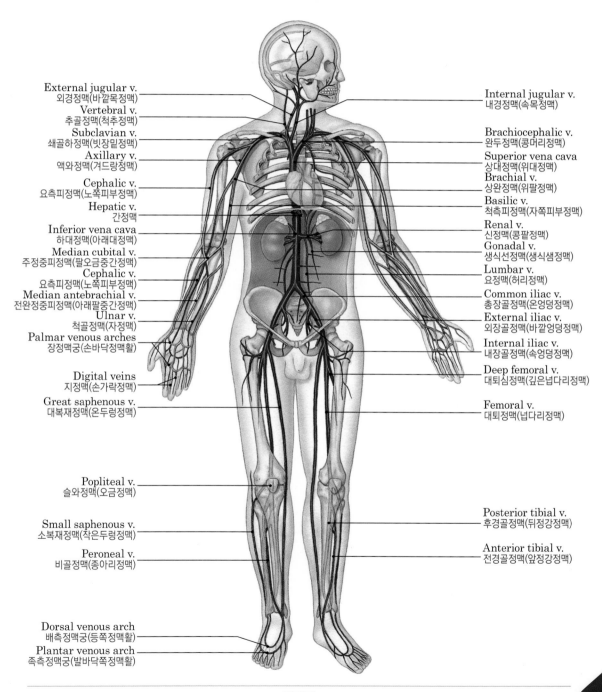

External jugular v.
외경정맥(바깥목정맥)

Vertebral v.
추골정맥(척추정맥)

Subclavian v.
쇄골하정맥(빗장밑정맥)

Axillary v.
액와정맥(겨드랑정맥)

Cephalic v.
요측피정맥(노쪽피부정맥)

Hepatic v.
간정맥

Inferior vena cava
하대정맥(아래대정맥)

Median cubital v.
주정중피정맥(팔오금중간정맥)

Cephalic v.
요측피정맥(노쪽피부정맥)

Median antebrachial v.
전완정중피정맥(아래팔중간정맥)

Ulnar v.
척골정맥(자정맥)

Palmar venous arches
장정맥궁(손바닥정맥활)

Digital veins
지정맥(손가락정맥)

Great saphenous v.
대복재정맥(온두렁정맥)

Popliteal v.
슬와정맥(오금정맥)

Small saphenous v.
소복재정맥(작은두렁정맥)

Peroneal v.
비골정맥(종아리정맥)

Dorsal venous arch
배측정맥궁(등쪽정맥활)

Plantar venous arch
족측정맥궁(발바닥쪽정맥활)

Internal jugular v.
내경정맥(속목정맥)

Brachiocephalic v.
완두정맥(콩머리정맥)

Superior vena cava
상대정맥(위대정맥)

Brachial v.
상완정맥(위팔정맥)

Basilic v.
척측피정맥(자쪽피부정맥)

Renal v.
신정맥(콩팥정맥)

Gonadal v.
생식선정맥(생식샘정맥)

Lumbar v.
요정맥(허리정맥)

Common iliac v.
총장골정맥(온엉덩정맥)

External iliac v.
외장골정맥(바깥엉덩정맥)

Internal iliac v.
내장골정맥(속엉덩정맥)

Deep femoral v.
대퇴심정맥(깊은넙다리정맥)

Femoral v.
대퇴정맥(넙다리정맥)

Posterior tibial v.
후경골정맥(뒤정강정맥)

Anterior tibial v.
전경골정맥(앞정강정맥)

정맥계

폐순환

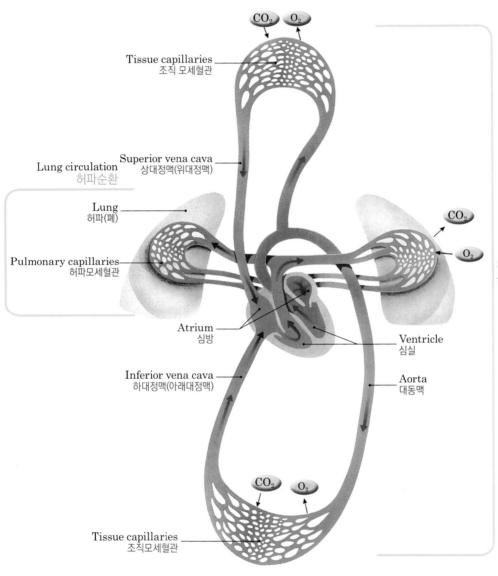

CO$_2$ O$_2$

Tissue capillaries
조직 모세혈관

Lung circulation
허파순환

Superior vena cava
상대정맥(위대정맥)

CO$_2$

O$_2$

Lung
허파(폐)

Systemic circulation
온몸순환

Pulmonary capillaries
허파모세혈관

Atrium
심방

Ventricle
심실

Inferior vena cava
하대정맥(아래대정맥)

Aorta
대동맥

CO$_2$ O$_2$

Tissue capillaries
조직모세혈관

간의 순환

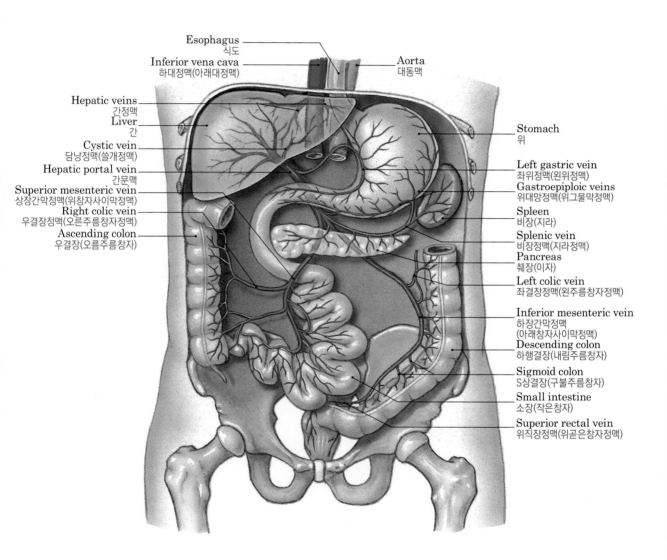

Esophagus
식도

Inferior vena cava
하대정맥(아래대정맥)

Aorta
대동맥

Hepatic veins
간정맥

Liver
간

Cystic vein
담낭정맥(쓸개정맥)

Hepatic portal vein
간문맥

Superior mesenteric vein
상장간막정맥(위창자사이막정맥)

Right colic vein
우결장정맥(오른주름창자정맥)

Ascending colon
우결장(오름주름창자)

Stomach
위

Left gastric vein
좌위정맥(왼위정맥)

Gastroepiploic veins
위대망정맥(위그물막정맥)

Spleen
비장(지라)

Splenic vein
비장정맥(지라정맥)

Pancreas
췌장(이자)

Left colic vein
좌결장정맥(왼주름창자정맥)

Inferior mesenteric vein
하장간막정맥
(아래창자사이막정맥)

Descending colon
하행결장(내림주름창자)

Sigmoid colon
S상결장(구불주름창자)

Small intestine
소장(작은창자)

Superior rectal vein
위직장정맥(위곧은창자정맥)

질환별 테이핑

질환별 증상과 테이핑

흉곽출구증후군(사각근증후군/thoracic outlet syndrome)

증 상 해부학적 이상 상태와 견관절의 동작에 따라 다양하게 나타나지만 환자의 70% 정도는 어깨나 팔의 통증을 호소하는 증상을 보인다.

원 인 어깨는 떨어뜨리고 고개가 앞으로 쳐진 자세를 오래 유지하면 발생할 수 있다.

테이핑 사각근, 쇄골하근, 상완신경총＋소흉근을 테이핑한다.

효 과 통증은 4~7일 정도 지나면 완화되는 경우가 많지만, 재발을 방지하기 위해서는 매월 4~5일씩 5~6개월간 테이핑을 해야 통증이 사라진다.

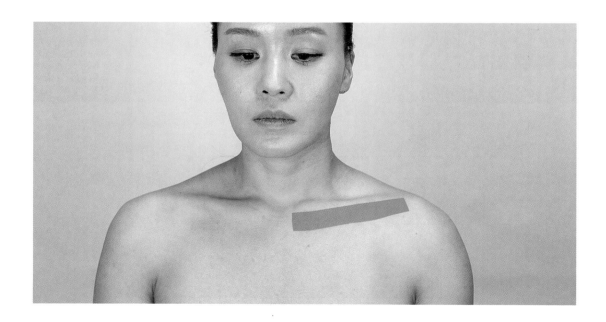

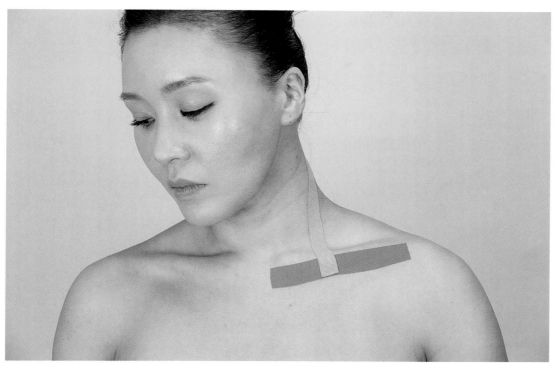

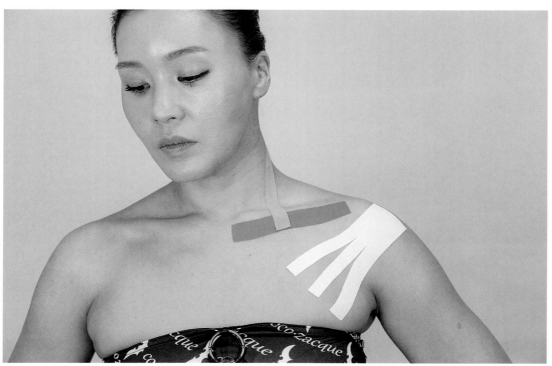

▋ 타이피스트증후군(목에서 등을 거쳐서 팔까지 오는 통증)

증 상 컴퓨터 키보드를 장시간 사용하는 사람에게 찾아오는 질환으로 목에서부터 어깨·팔·손목까지 통증이 출현한다.

테이핑 5cm×70cm I자형 테이프를 손등에서부터 시작하여 팔꿈치를 지나 목 뒤의 가장 튀어나온 뼈까지 붙인다.

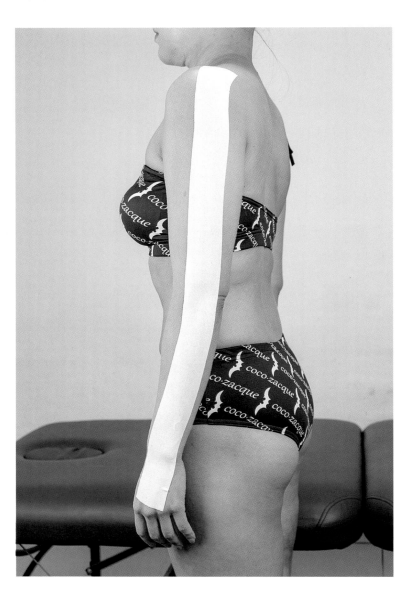

▌ 내장기 이상에서 오는 어깨 통증

증 상   어깨에서부터 등줄기(척주기립근)를 따라 압박감이 나타나는 현상으로 팔이 무겁고 두근거림 · 호흡곤란 등이 나타난다. 위하수, 장하수 등 내장의 하수가 원인이며, 어깨 능선부터 목줄기에 걸쳐 통증이 나타나는 것이 특징이다.

원 인   협심증, 심근경색 등 심장에 이상이 있거나 내장하수 등으로 인한 허혈성 어깨 통증이 원인이다.

테이핑   사진처럼 크로스의 형태로 테이핑한다.

효 과   2~3일에 한 번씩 교체하고, 2~3주간 계속한다. 이렇게 3주 가량 하면 어깨 통증은 대부분 해소될 수 있다. 또한 내장기 이상이므로 전문의의 치료를 꾸준하게 병행토록 한다.

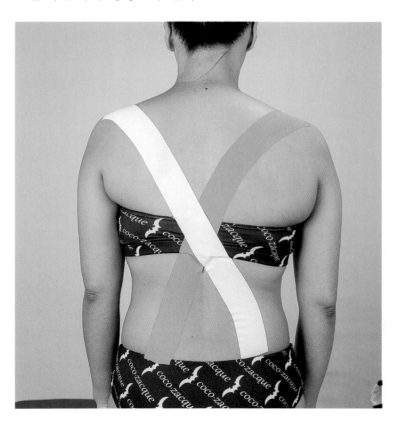

오십견(동결견/굳은어깨)

증상 어깨 근육이 굳어져 일상생활에서 팔 운동에 지장을 초래하는 현상을 말한다.

원인 특발성 동결견은 특별한 원인이 없으면서 견관절 내의 연부 조직의 점진적인 구축으로 통증과 더불어 능동 및 수동적 관절 운동이 제한되는 질환이다. 이차성 동결견은 당뇨병, 갑상선 질환, 경추 질환, 흉곽 내 질환, 외상 등에 의해서 이차적으로 발생되는 질환이다.

테이핑 지선형 테이프는 어깨삼각근을 감싸듯이 삼각근 조면에서 시작하여 견봉 방향으로 테이핑한다. 다음 I자형 테이프는 활액낭의 공간을 확보하기 위해 어깨를 벌린(abduction) 상태에서 관절와의 전면 아랫부분에서 견봉을 중심으로 견관절에 일자로 당겨서 붙인다. Y자형 테이프는 오훼돌기에서 시작하여 하나는 견갑골, 하나는 액와(겨드랑이)에 붙인다.

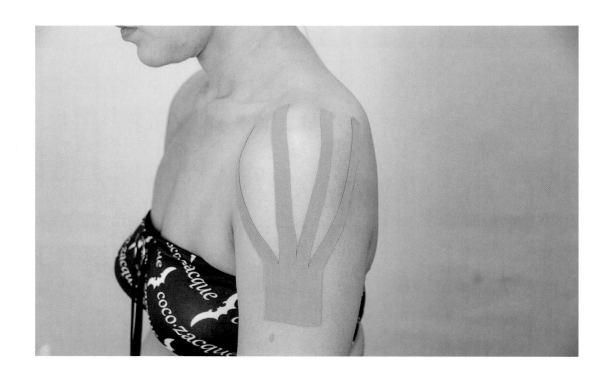

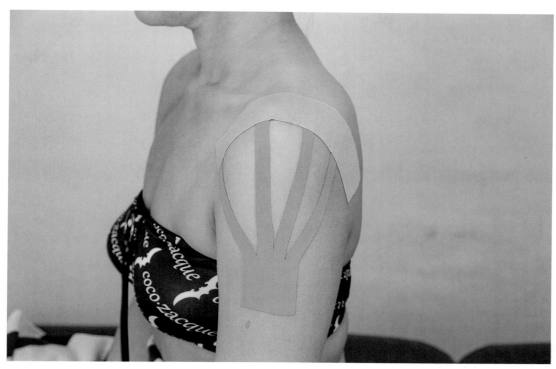

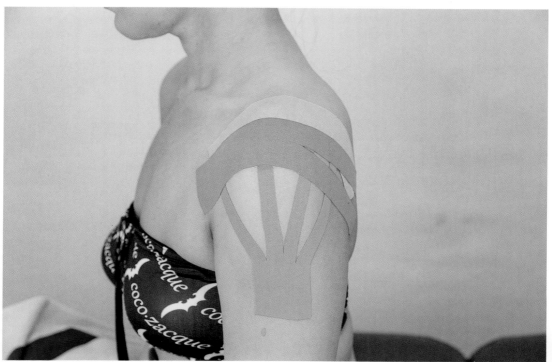

▮ 골프엘보

증 상 팔꿈치 안쪽의 통증과 저림·화끈거림 등을 호소하며, 질환이 진행되면서 손목까지 이어지는 방사통(radiating pain)이 나타난다.

원 인 과도한 운동이나 업무로 인해 팔꿈치에 붙어 있는 힘줄에 무리한 힘이 가해지면 그 부위에 염증과 미세한 파열이 일어나면서 통증이 나타난다. 손목을 많이 사용하는 주부 또는 택배원은 팔꿈치 안쪽에 무리한 힘이 가해지는 상황이 많으므로 증상에 따라 골프엘보(내측상과염)를 의심해 볼 수 있다. 골프엘보(내측상과염)의 30%는 급성 손상이며, 70%는 점진적으로 진행된다고 알려져 있다.

테이핑 5cm×50cm 테이프 1개를 아픈 팔의 손바닥을 위로 향한 채 팔꿈치 안쪽(내측상과)에서 시작하여 나선형으로 감아 내려와 손목을 휘감아 손목을 감싸준다.

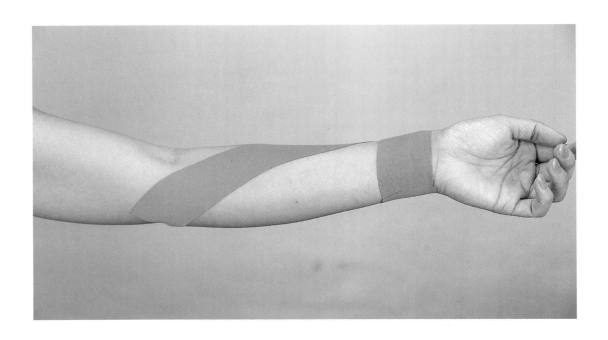

테니스엘보

증 상 테니스엘보(외측상과염)는 30~60대에게 많이 발생하는데, 특히 40대에서 가장 많이 발견된다. 대부분 급성이고, 팔꿈치 바깥쪽에 통증·저림·민감한 느낌 등을 호소한다. 간혹 경직된 것 같은 느낌을 느끼거나 팔에 힘이 빠지는 경우도 있다. 손목을 위로 젖히는 동작에서 증상이 심해지기 때문에 팔과 손목을 쓰는 모든 동작에서 통증이 발생할 수 있다. 이러한 통증은 팔꿈치의 바깥쪽에만 한정된 것이 아니라 손목까지 이어지는 방사통(radiating pain)으로 나타나기도 한다.

원 인 반복적으로 손목을 뒤로 젖히는 동작을 하면 이에 관련된 근육들에 지나친 부하가 걸리면서 근육과 뼈를 이어주는 힘줄에 반복적으로 파열 및 염증이 발생하게 된다. 이때 발생하는 염증이 '외측상과염'이다.

테이핑 5cm×50cm 테이프를 아픈 팔의 손바닥을 아래로 향한 채 팔꿈치 외측상과에서 시작하여 나선형으로 휘감아 손목의 엄지 근육을 향하여 테이핑한다.

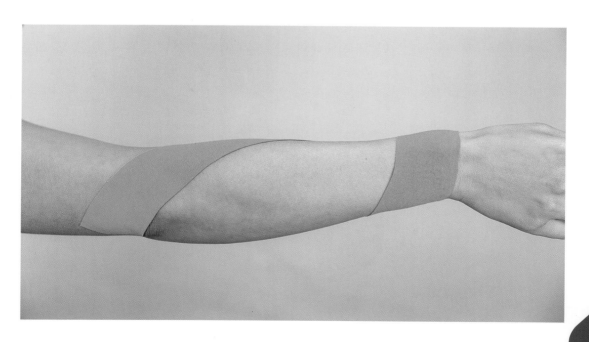

▌디스크(추간판탈출증)

척추뼈 사이에는 원반 모양의 디스크가 끼어 있다. 이 디스크는 척추의 움직임이 가능하도록 하고, 충격을 흡수 또는 완화하는 두 가지 역할을 한다.

만약 다리를 편 채 앞으로 숙여 60kg의 무게를 들어 올린다면 척추 디스크에 걸리는 무게는 약 10배인 600kg이 되는데, 디스크는 이 무게를 흡수해 낸다. 이러한 디스크는 섬유테와 수핵의 두 가지의 요소로 구성된다.

» 수핵 : 카메라 렌즈 모양으로 디스크의 중심부에 있고, 투명한 젤리와 비슷하다. 수분이 많이 함유된 점액질로 물렁물렁하다. 소아는 약 88%가 물이고, 30대는 약 77%, 노년층은 약 70%가 물이다. 요추 부분의 수핵이 가장 큰데, 물을 넣은 작은 풍선처럼 항중력(누르는 힘)에 따라 형태가 변한다. 낮에는 활동에 따라 키가 줄어들고 밤에는 키가 늘어나는 것은 수핵 속의 수분이 빠져나가기 때문이다. 계속하여 무거운 물건을 든다든지 빠른 동작을 계속 하면 수분이 회복될 시간이 없어지고, 수핵의 아래위 척추뼈의 연골 부위에 작은 구멍으로 공급되는 수분과 영양이 차단된다. 수핵은 신경이 분포되어 있지 않아 통증을 느끼지 못한다.

» 섬유테(섬유륜) : 이는 아주 질기며 양파처럼 여러 겹으로 겹쳐져 있고, 수핵이 새지 못하도록 둘러싸고 있다. 섬유테의 각 층은 이웃 층과 각도를 이루어 두 이웃

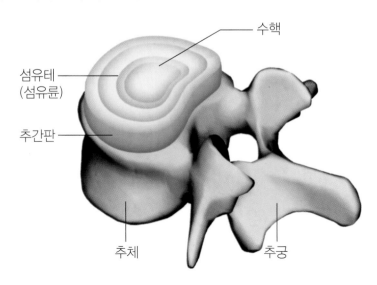

척추뼈를 잡고 수핵을 둘러싼다. 마치 여러 타래의 실이 야구공을 감싸듯, 디스크는 단단하고 적절한 지지력을 유지하면서 척추의 아래위에 단단히 붙어 있다. 그러나 섬유테 앞뒤의 두께가 달라 항중력을 지속적으로 받으면 디스크의 수핵이 섬유테 속 또는 밖으로 흘러나오는데, 이것이 추간판 탈출증이다.

증 상 특별한 이유 없이 허리가 아프고 발이 저리면 디스크를 의심해야 한다. 이 경우 몸을 앞쪽으로 숙이게 해 보면 허리가 뻣뻣해져 잘 굽혀지지 않으며 통증도 심하다. 위를 보고 눕게 하고 무릎을 편 채 발을 위로 올리게 하면 왼쪽은 잘 올라가지만, 오른쪽은 30° 정도 올리면 허리에서 발끝까지 통증을 호소한다. 특히 오른쪽 4~5번째 발가락쪽의 종아리 바깥쪽은 느낌이 둔하다. 5번째 발가락은 만져지는 느낌은 들지만 바늘로 찌르는 듯한 느낌이 없다. 더욱이 발꿈치를 붙이고 걷는 보행은 가능하지만, 발끝으로만 걷는 것은 오른쪽 발에 힘이 들어가지 않아서 불가능하다. 허리를 굽혔다, 폈다, 넘어졌다, 급하게 뒤돌았다, 장시간 앉아 있다가 급히 일어서려고 허리를 펼 때 증상이 더 심하다. 이러한 증상의 원인은 다음과 같다.
① 급히 일어나다가 허리를 삐끗하는 경우
② 평소와 달리 아침에 일어나려고 하면 허리를 펼 수 없는 경우
③ 허리를 자주 삐끗하는 경우

원 인 추간판탈출증을 일으키는 주된 원인은 과도한 체중 증가, 구부정한 상태에서 오랫동안 척추에 무리가 가해진 경우, 수년간 섬유테가 약해지고 얇아짐과 동시에 수핵은 수분을 잃으면서 점점 상해가는 퇴행성 질환 등인 경우가 많다. 다른 원인은 허리를 굽히거나 비튼 상태로 무거운 물건을 들다가 허리를 다친 경우이다. 높은 곳에서 떨어지거나 넘어짐, 자동차 사고 등도 원인이 될 수 있다.

테이핑 5cm×30cm 테이프 1개는 허리의 통증이 발생하는 곳에(디스크인 경우 요추 4, 5번째 뼈) 가로로 테이핑하고, 2개는 X자로 사진과 같이 좌우로 대칭이 되게 대각선으로 테이핑한다. 이때 반드시 골반을 잡도록 테이핑해야 한다. 또한 무릎까지 통증이 있는 경우에는 대둔근(엉덩이 근육을 감싸는 근육)과 이상근(엉덩이 근육 속에 있는 근육)을 사진과 같이 테이핑한다.

효 과 1~3회 정도 테이핑을 하면 웬만한 통증은 없어진다. 그러나 재발 방지를 위해 3회 정도 더 테이핑하고, 2주일에 한 번씩 3~4회 반복하여 테이핑하면 통증이 거의 없어져 통증으로부터 해방감을 맛볼 수 있다.

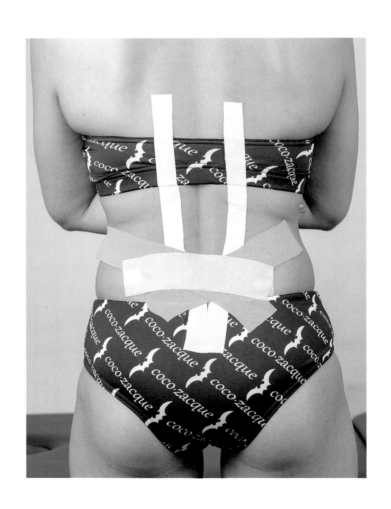

좌골신경통(엉덩이 바로 아래까지)

증 상 좌골신경통은 엉덩이나 허벅지 바깥쪽에서 시작해서 종아리 바깥쪽과 뒤쪽으로 내려오는 방향으로 통증이 띠 모양으로 일어나는 경우가 많다.

원 인 좌골신경통의 90% 이상이 추간판탈출증(일반인들이 흔히 하는 말로 '허리디스크')으로 추간판이 신경뿌리를 눌러서 발생하게 하며, 요추 4번에서 5번 사이 혹은 요추 5번에서 천골 사이에서 잘 생긴다.

테이핑 허리디스크(추간판탈출증) 테이핑을 먼저 한 다음 Y자형 테이프로 사진과 같이 엉덩이(중둔근)를 감싸 테이핑한다.

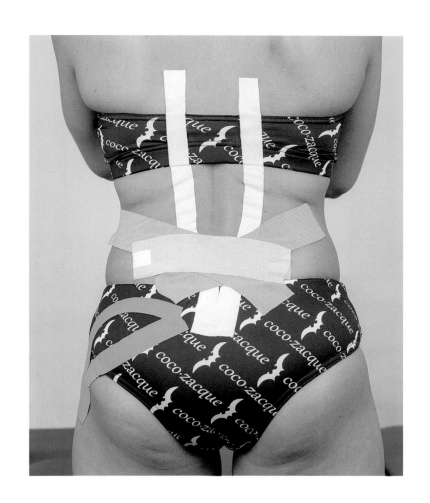

▌ 좌골신경통(엉덩이에서 종아리 위치까지)

증 상 좌골신경통은 엉덩이나 허벅지 바깥쪽에서 시작해서 종아리 바깥쪽과 뒤쪽으로 내려오는 방향으로 통증이 띠 모양으로 일어나는 경우가 많다.

원 인 좌골신경통의 90% 이상이 추간판탈출증(일반인들이 흔히 하는 말로 '허리디스크')으로 추간판이 신경뿌리를 눌러서 발생하며, 요추 4번에서 5번 사이 혹은 요추 5번에서 천골 사이에서 잘 생긴다.

테이핑 허리디스크(추간판탈출증) 테이핑을 먼저 한 다음, Y자형 테이프로 사진과 같이 엉덩이(중둔근)를 감싼다. 이후 5cm×90cm 정도의 테이프로 좌골 결절 방향에서 시작하여 햄스트링 외측을 통과하여 다리에 통증이 나타나는 부위인 아킬레스건 외측을 향하여 테이핑한다.

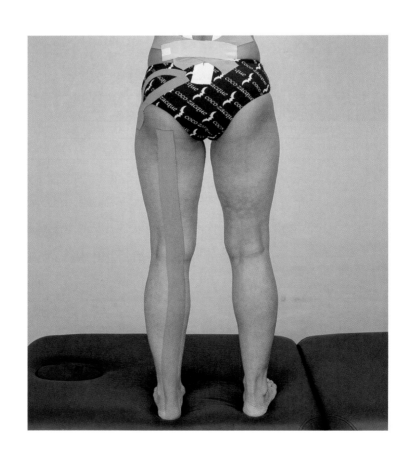

▦ 건초염(손목)

정 의 힘줄을 싸고 있는 활액막 자체 또는 활액막 내부의 염증

증 상 손목건초염이 생기면 엄지를 움직일 때 통증이 심하기 때문에 젓가락질이나 글씨 쓰기가 힘들어진다. 통증과 함께 건초 부위가 붓는 종창이 생길 수 있으며, 손목을 누르면 심한 통증을 호소하는 경우도 있다.

원 인 손목의 지나친 사용으로 생기는 손상 가운데 가장 흔한 것으로, 손목을 손날 쪽으로 편향시킨 상태에서 손을 세게 쥐는 동작을 반복적으로 하는 사람에게서 흔히 발생한다.

테이핑 Y자형 테이프로 손목에서 시작하여 엄지손가락을 감싸도록 테이핑하고, 5cm ×20cm 테이프로 손목을 마지막으로 감싸준다.

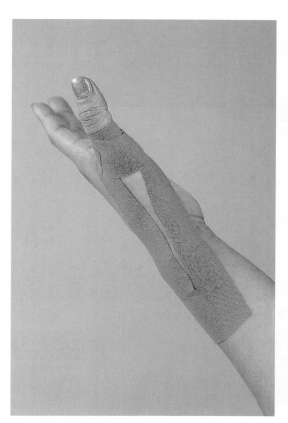
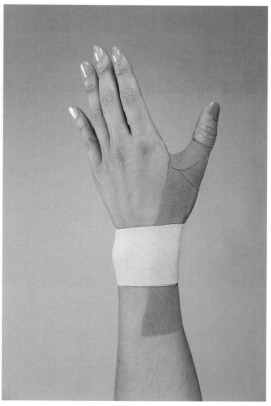

변비와 아랫배 처짐

변비란 장의 연동운동(근육이 파도처럼 계속 수축하고 이동하여 내용물을 밀어내는 운동)의 약화가 원인으로 일어난다. 하복부 근육이 약해져 장이 2~3cm만 내려가도 연동운동이 방해되어 장의 통로가 매우 나빠진다. 특히 여성에게 변비가 남성에 비해 많은 이유는 근력이 35~40%나 약하고 장이 처지기 쉽기 때문이다.

변비를 약에 의존하면 장의 움직임이 약해져 약물 복용이 습관화되기 쉽다. 변비약은 연동운동을 수동적 방법으로 해결하므로 복용하지 않으면 재발하게 된다.

한편 아랫배 처짐으로 인해 연동운동이 방해받을 때에는 테이핑 요법은 큰 효과를 발휘한다.

증 상 아랫배 처짐으로 장의 위치가 이탈되어 연동운동이 방해받아 발생한다.

테이핑 바로 편안하게 누운 상태에서 5cm×30cm 테이프의 한쪽 끝을 배꼽과 치골의 중앙(단전 부분)에서 시작하여 등 뒤 흉추 12번(브래지어선이 닿는 부분)을 향해 몸을 비틀면서 붙인다. 또 다른 같은 크기의 테이프로 위와 반대쪽에 테이핑한다.

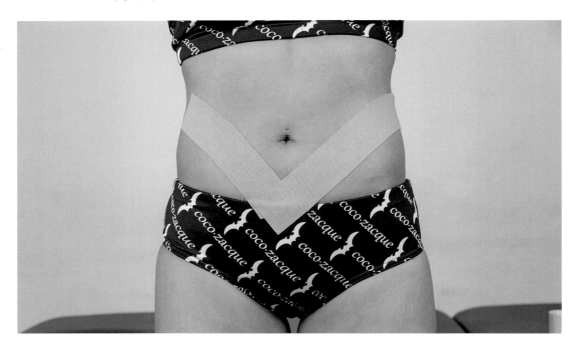

▋ 생리통

증 상 원발성 생리통의 증상은 보통 하복부의 골반뼈 바로 위 부위를 쥐어짜는 느낌의 통증이 느껴진다. 증상은 생리를 하기 몇 시간 전 또는 직후부터 발생하여 약 2~3일간 지속된 후 사라진다. 속발(성) 생리통은 골반 내 장기에 이상이 있을 때 나타나는 주기적 통증으로, 생리를 시작하기 약 1~2주 전에 발생하여 생리가 끝난 후 수일까지 통증이 지속되는 경우가 많다.

원 인 월경 주기와 직접적으로 연관되어 나타나는 주기적 골반 통증이다. 생리를 하는 여성의 50%가 생리통을 경험할 정도로 흔한 증상이다.

테이핑 5cm×8cm 테이프 2개를 사진과 같이 배꼽 아래 '열십(十)'자로 테이핑하는데, 이것을 단전 부위 테이핑이라고도 한다. 더 심한 경우에는 허리 뒤(제2천추 부위)에 5cm×25cm 테이프를 가로로 붙인다.

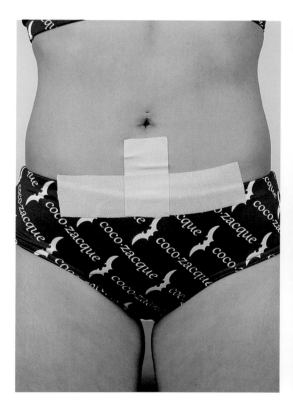
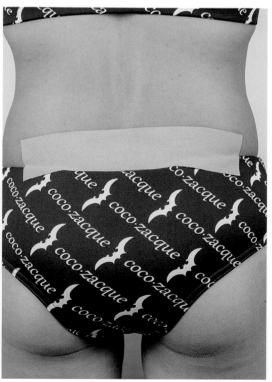

▌위하수

증상 위가 내려가면, 위액의 분비가 줄고 위벽 운동이 약해진다. 그래서 소화력이 떨어지고, 식욕부진 · 복부 팽만감 · 변비 · 복통 · 전신 권태감 등의 증상이 나타난다.

원인 위가 처지면 다른 장기의 위치가 올바르게 유지하지 못하여 소화기계통의 장애를 일으킨다. 또한 신장이 압박받아 혈액 안의 노폐물 여과 기능에 이상이 생기거나 신장이 아래쪽으로 움직여 통증과 혈뇨를 유발하기도 한다. 여성은 자궁 후굴(오리엉덩이 모양)의 원인이 되기도 한다. 위는 흉강과 복강을 나누고 있는 근육질의 막인 횡격막에 매달려 있다. 횡격막은 호흡작용을 도움과 동시에 위, 장, 간장, 신장 등의 기관을 일정한 위치에 유지시키는 역할을 한다. 횡격막의 복원력이 약하면 위가 내려가는데, 위하수는 이것이 원인이 되기가 쉽다.

테이핑 횡격막을 테이핑한다. 위치는 흉추 12번이다. 양팔의 팔꿈치를 일직선으로 했을 때 중앙에 있는 척추뼈 약간 윗부분이 흉추 12번이다. 여기에 5cm× 25~30cm 테이프를 가로로 사진과 같이 테이핑한다. 앞부분은 명치 부위에 '열십(十)'자로 테이핑한다.

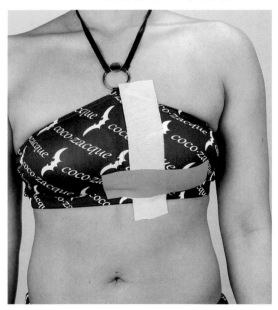 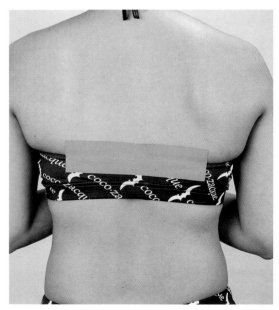

고관절염

증 상 고관절 이상의 특징은 허리의 움직임에는 이상이 없고 발저림도 없으나, 걸을 때 다리를 전다. 골반의 홈에 들어 있는 대퇴골의 골두가 닳거나 변형되어 급격한 염증이 생기거나, 허리에서 엉덩이와 허벅지에 걸친 통증과 저림증상이 나타난다.

원 인 증상은 좌골신경통과 비슷하지만, 전혀 다른 질환이다. 증상이 진전되면 걸을 때마다 골반과 대퇴골이 서로 부딪치는 것을 느끼면서 예리한 통증이 유발된다. 이것은 골두에 괴사가 일어나 혈액 순환 장애를 일으키기 때문이다. 장시간의 산행 또는 보행을 하였거나, 하반신을 차게 하였거나, 무리하게 축구 경기를 하였거나, 달리기 등으로 인한 하반신 장애인데, 이때 몸의 균형이 흐트러진다.

테이핑 5cm×50cm I자형 테이프로 사진과 같이 대퇴골의 대전자 부위를 테이핑하고(세로로 I자 테이핑), 길이 60cm 테이프 2개로 고관절의 골두 부위를 사진과 같이 X자로 테이핑한다. 그리고 길이 20cm 테이프를 가로로 테이핑하여 고관절을 고정시킨다.

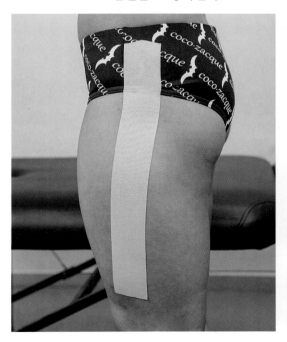
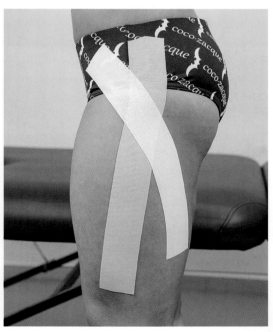

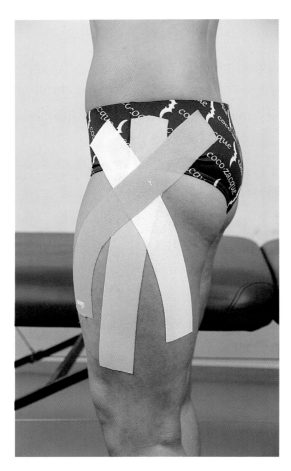

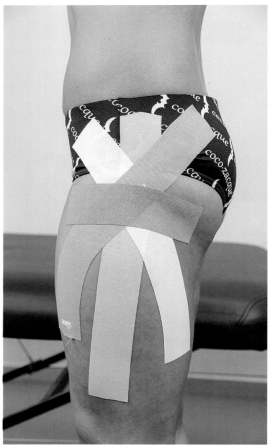

▌퇴행성관절염

처음에는 대수롭지 않게 여겼지만, 세월이 갈수록 통증이 심해지고 걸어 다닐 때에도 통증으로 인하여 장애를 느끼며, 아침에 일어나니 둔부가 뻣뻣해지고 계단을 오르내릴 때 힘이 들어 급기야는 병원을 찾아가 의사의 진찰을 받는다. X-선을 찍어 "퇴행성관절염입니다. 당신과 같은 연령층에서 대부분 이 질병이 나타납니다."라는 진단을 받게된다. 통증이 있다고 하면 보통 아스피린, 이부프로펜 종류의 성분이 들어 있는 모트린(Motrin), 애드빌(Advil) 등의 비스테로이성 소염진통제를 처방해 주거나, 참기 힘든 통증이 일어나면 아편 성분의 약물을 투여해 준다.

사실 이러한 통증이 일어나는 원인은 연골 이상이다. 연골은 뼈의 끝부분을 보호하는 역할을 하는데, 이것이 마모되어 없어지면 뼈가 노출되어 삐걱거리며 통증과 뻣뻣함을 유발한다. 그러나 불행하게도 위와 같이 약물은 어느 정도 통증을 완화시키는 것 이외에는 다른 치료 효과는 없다.

원인 퇴행성관절염은 관절을 보호하고 있는 연골의 점진적인 손상이나 퇴행성 변화로 인해 관절을 이루는 뼈와 인대 등에 손상이 일어나서 염증과 통증이 생기는 질환이다. 이것은 관절의 염증성질환 중에서 발생빈도가 가장 높다. 특별한 기질적 원인 없이 나이 · 성별 · 유전적 요소 · 비만 · 특정 관절 부위 등에 따라 발생하는 일차성 또는 특발성 관절염과 관절 연골에 손상을 줄 수 있는 외상 · 질병 · 기형 등이 원인이 되어 발생하는 이차성 또는 속발성관절염으로 분류한다.

증상 퇴행성관절염의 주요 증상은 통증과 뻣뻣함, 그리고 우지직거리는 소리와 병의 진행 상태에 따라 염증으로 인한 관절의 변형과 부종이다.

» 통증 : 퇴행성관절염의 특징은 처음에는 약간 아프다가 중간에는 감각이 무뎌지고, 나중에는 심한 통증으로 참을 수 없는 고통을 느끼게 한다. 초기 통증은 관절의 사용 직후에 나타나지만, 휴식을 취하면 통증은 사라진다. 그러나 병의 진행에 따라 관절을 조금만 움직여도 심한 통증이 오게 되며, 결국에는 쉬면서 사용하지 않거나 아무런 압력을 가하지 않아도 통증을 느끼게 되고, 잠을 이룰 수도 없게 된다.

» 뻣뻣함 : 아침에 자고 일어나거나 장시간 자동차 여행을 한 다음, 또는 장시간 활동을 중지한 후에 관절을 움직이려고 하면 '자물쇠 잠김' 현상이 일어난다. 초기에는 뻣뻣함이 짧게 지속되다가 곧 풀린다. 그러나 악화되면 자물쇠가 잠긴 채 풀리지 않는 것처럼 활동에 제약을 주고, 간단한 준비 운동이나 지속적인 운동에도 불구하고 뻣뻣한 증세가 나타난다.

» 관절 균열(joint cracking) : 관절의 마찰음(crepitus)으로 '우지직'하는 소리와 삐걱거림은 질병이 좀더 진행되면서 일어나는데, 대부분 무릎에 나타나며, 드물게 엉덩이 관절에 나타나기도 한다. 이러한 증상은 뼈들의 마찰에 의하여 유발되며, 심하면 감각이 둔화되어 통증을 느낄 수가 없다.

» 변형과 관절부종 혹은 염증이 나타나기도 한다.

» 계단을 오르내리기가 힘들다.

» 퇴행성관절염과 류마티스성관절염은 다르다.

퇴행성관절염	류마티스성관절염
» 대개 40세 이후에 발병한다.	» 초기 발병 시기는 20~50세이다.
» 몇년 동안 점진적으로 진행된다.	» 가끔 갑작스럽게 발병 후 사라진다.
» 일반적으로 한쪽에서 시작한다.	» 양쪽에서 동시에 나타난다.
» 붉은 반점, 열, 염증 등의 증상은 드물다.	» 붉은 반점, 열, 염증 등의 증상이 보편적이다.
» 일차적으로 무릎·손·둔부·발·허리의 관절에 영향을 미치며, 드물게는 손가락관절·손목·팔꿈치 또는 어깨에도 발병한다.	» 손가락 관절·손목·팔꿈치·어깨는 물론 거의 대부분의 관절에 영향을 미친다.
» 전체적인 병의 자각 증상은 유발시키지 않는다.	» 체중 감소와 열을 동반한 병과 피로의 전체적인 자각 증상을 유발시킨다.

테이핑 ▶ 계단을 내려갈 때 통증 : 5cm×10cm X자형 테이프는 사진과 같이 무릎 뒤쪽 양옆에 힘줄이 있는 곳(오금)으로 붙이고, 30cm Y자형 테이프는 사진과 같이 슬개골을 감쌀 수 있도록 붙인다. 이후 무릎뼈 아래쪽에 20cm I자형 테이프를 가로로 추가적으로 붙인다.

계단을 오를 때 통증 : 5cm×10cm X자형 테이프를 사진과 같이 무릎 뒤쪽 양옆에 힘줄이 있는 곳(오금)으로 붙이고, 30cm Y자형 테이프는 사진과 같이 슬개골을 감쌀 수 있도록 붙인다. 이후 무릎뼈 위쪽에 20cm I자형 테이프를 가로로 추가적으로 붙인다.

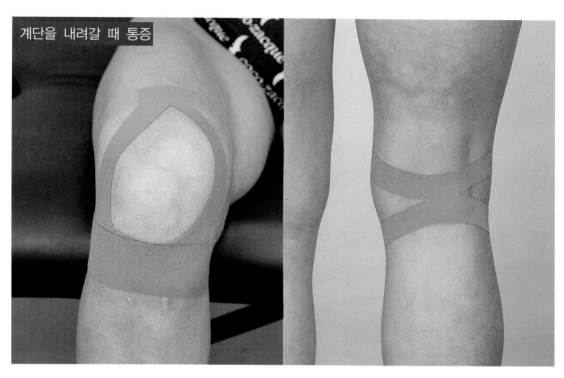

계단을 내려갈 때 통증

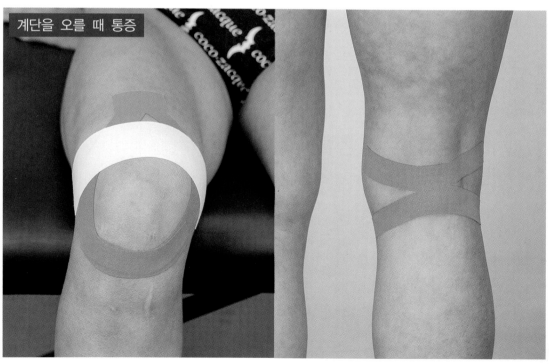

계단을 오를 때 통증

외반무지(무지외반증)

발바닥에는 가로 아치와 세로 아치가 있다. 세로 아치는 발바닥의 중심(장심)에 세로로 아치 형태를 형성하고, 가로 아치는 발바닥 앞부분 중족관절에 가로로 아치 형태를 형성하고 있다. 발바닥의 가로 아치는 다리의 아름다움뿐만 아니라 건강도 유지한다. 따라서 가로 아치가 손상되면 전신의 균형이 무너지고 특정 부위를 느슨해지게 한다. 이때 특정 부위가 무리한 힘을 받으면 신체를 유지(지탱)하기 위하여 근육 이상이 생기게 된다. 즉 가로 아치의 흐트러짐으로 인하여 가로 아치를 이루고 있는 중족관절이 무너져서 넓적다리가 살이 찌며 엄지발가락이 바깥쪽으로 변하는 외반무지 형태가 된다. 외반무지는 가골성 외반무지, 인대성 외반무지, 혼합성 외반무지, 해머토우성 외반무지, 병변성 외반무지로 나누어진다.

가골성 외반무지

엄지발가락은 별로 휘어져 있지 않지만 발가락이 시작되는 관절 부위의 뼈가 비정상적으로 발육되어 튀어나와 있는 상태를 말한다.

가골성 외반무지(무지외반증)의 주요 원인은 잘못된 걸음걸이다. 발가락끝을 올려서 걷거나, 하이힐 때문에 발가락을 젖힌 채 걸을 때에도 생길 수 있다.

이러한 걸음걸이는 엄지발가락 죽지의 통통한 부분인 '무지구'에 충격을 가하게 되는데, 이에 대한 방어반응으로 엄지발가락에 가짜 뼈가 만들어져 튀어나오게 되는 것이 가골성 외반무지이다.

인대성 외반무지

발은 중족관절 주변에 횡중족인대가 가볍게 조이고 있어서 가로 아치가 형성된다. 이 가로 아치를 지탱하는 인대가 느슨해지면 엄지발가락을 버티는 힘이 없어져서 변형을 일으켜 새끼발가락쪽으로 휘어져 버리는데, 이것이 인대성 외반무지이다.

혼합성 외반무지

인대성 외반무지와 가골성 외반무지의 증상이 함께 나타나는 것이 혼합성 외반무지이다. 횡족관절의 폭이 지나치게 넓으면 엄지발가락에 힘이 없어져 엄지발가락 죽지뼈를 사용하여 걷게 된다. 이로 인하여 엄지발가락 죽지뼈가 비정상적으로 발달해서 가골이 형성된다. 튀어나온 가골과 구두가 마찰을 피하기 위해 가골 위에 점액이 쌓이는 현상이 혼합성 외반무지이다. 그 원인은 하이힐, 발에 맞지 않는 구두, 발 근육의 쇠약(즉 가로 아치의 손상) 등이다.

해머토우성 외반무지

해머토우성 무지외반증이 되기 쉬운 선천적인 요소를 가진 사람(발가락이 너무 길거나, 해머처럼 오그라들어 있거나, 너무 위를 향하는 등의 형태를 보인다)한테 잘 발생한다. 이 경우에는 발가락이 극단적으로 떠 있어서 엄지발가락이 망치처럼 오그라들어 있다.

병변성 외반무지

질병·사고·부상 등으로 인한 현저한 변형이나 탈구 때문에 생기는 외반무지이다. 변병성 외반무지의 원인이 되는 질병은 관절의 만성적인 염증에 의한 관절 이상과 뼈 통증으로 변형이 생기는 류마티스 관절염이 있다.

> **테이핑** 사진과 같이 2.5cm×20cm Y자형 테이프로 엄지 안쪽과 발가락을 감으면서 테이핑한 다음, 테이프를 당기지 말고 발가락을 외측으로 당긴 상태에서 테이프를 자연스럽게 붙여주면서 마무리한다. 이후 I자형 테이프를 엄지발가락 안쪽에서부터 발가락을 살짝 바깥쪽으로 당기면서 자연스럽게 붙여서 마무리한다.
>
> ※ 발가락에 테이핑할 때 당기면 혈액순환이 안 될 수도 있다.

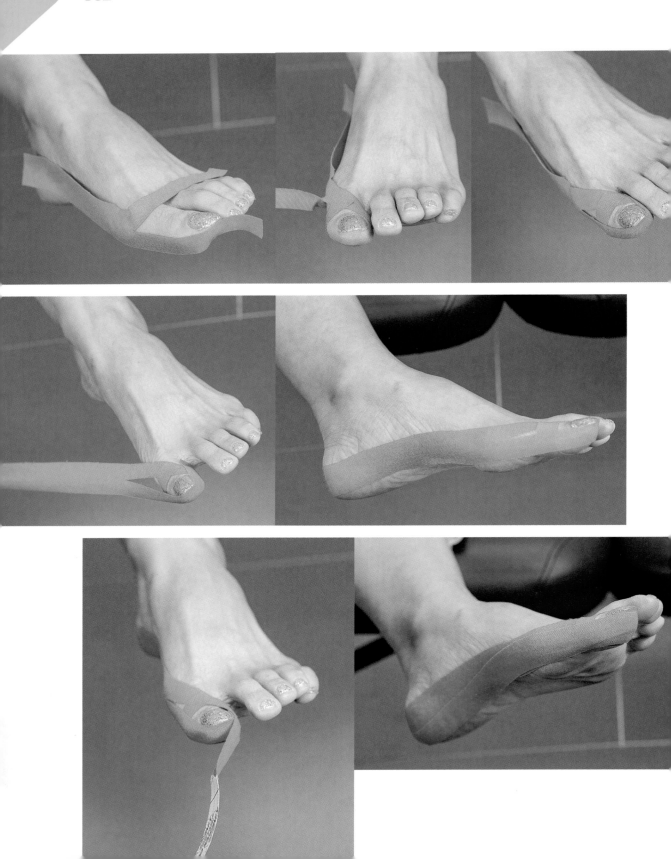

류마티스/류머티즘(손가락)

류마티스/류머티즘(rheumatismus)은 장기간에 걸쳐 진행된 자가면역질환이 관절에 나타난 질병으로, 열·부종·발적·통증·강직 등을 특징으로 한다. 양쪽 관절에 침범하는 경우가 흔하지만, 한쪽에 침범하는 경우도 있다. 약 80%가 30~60대에 발병하며, 더러 유년기에 발병하는 경우도 있다. 류머티즘은 원인이 명확하게 밝혀져 있지 않지만, 유전적 원인이 환경적 인자에 영향을 받아 발생한다고 추측되고 있다. 이러한 원인은 면역체계에 이상이 와서 관절을 공격함으로써 염증이 일어나는 것이다. 이때 여러 가지 효소가 활막에서 방출되어 뼈나 연골을 파괴하고 통증이나 부종이 나타난다. 이런 현상이 반복되면 관절이 파괴되고, 뼈와 뼈가 유착되어 굳어버리는 현상이 일어나거나, 관절낭이 비대화되고 염증이 발생한다.

※ 활막은 건강한 상태에서는 관절액을 만들어내기도 하고, 노폐물을 밖으로 배출하는 역할을 한다.

테이핑 2.5cm×30cm 테이프의 한쪽 끝 중앙을 10cm 가위질하여 엄지를 세운 상태에서 엄지손가락을 감싸고 사진처럼 팔꿈치를 향하여 테이핑한다.

엄지 이외의 손가락에 통증과 경화(굳어 있는 상태)가 있으면 5cm×25cm 테이프를 네 가닥으로 가위질하여 손가락의 등을 따라 붙인 후 손등에서부터 팔꿈치를 향하여 테이핑한다.

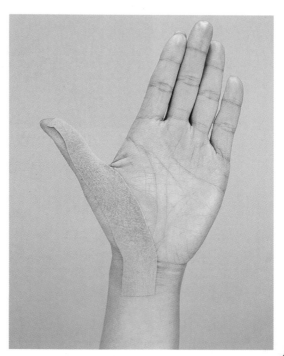

류마티스/류머티즘(발가락)

테이핑 2.5cm×25cm 테이프로 엄지발가락에서부터 발등을 타고 올라가 정강이 중앙을 향하여 테이핑한다.

엄지발가락 이외 네발가락에 통증이 있으면 5cm×25cm의 테이프로 정강이 중앙을 향하여 테이핑한다.

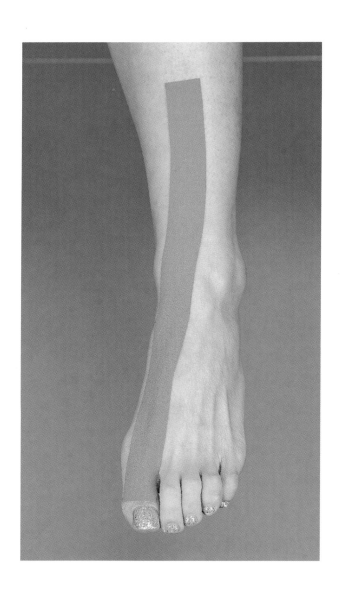

█ 현기증

증 상 목 주변 근육이 굳어 있고, 비틀거림과 눈앞이 갑자기 캄캄하며, 빙글빙글 도는 듯한 느낌과 힘이 쭉 빠지는 느낌이 든다.

원 인 고혈압, 저혈압, 동맥경화, 빈혈, 자율신경실조증 등이 원인으로 작용하여 어지럼증이 나타난다.

테이핑 목 근육(흉쇄유돌근)의 긴장을 풀어주는 테이핑으로, 귀뒤의 돌출 부위에서 시작하여 쇄골(앞가슴 맨 위 갈비뼈)과 흉골(목 줄기에서 내려와 맨 위 갈비뼈와 닿는 부분)까지 테이핑한다.

효 과 경직에 의해 흉쇄유돌근 부위가 뭉쳐지는 현상이 발생하여 목뼈에 있는 구멍을 통해 목을 지나 뇌로 가는 동맥이 눌려져 뇌의 혈액이 장애를 받을 때에는 사진과 같이 테이핑하고 1~2주 정도 지나면 치유가 가능하다.

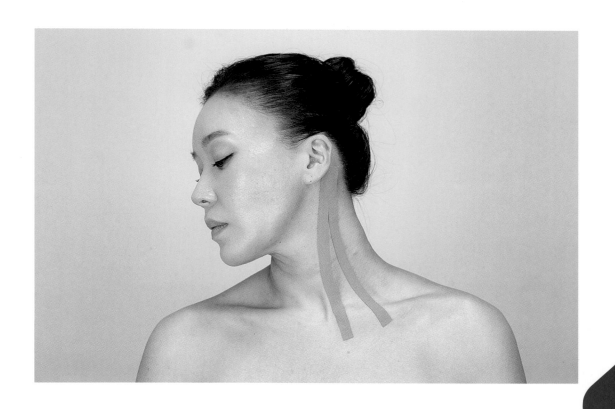

▓ 이명(귀울림)

증 상 귀에서 '윙' 하는 소리가 들리는 증상이다. 흉쇄유돌근 부위가 경직되어 응어리가 보일 만큼 심한 증상이 이어지면 음악을 듣기조차 힘들 때도 있다.

원 인 흉쇄유돌근의 긴장이 높아져 목에서 뇌로 가는 동맥이 압박을 받아 일어난다.

테이핑 사진과 같이 흉쇄유돌근에 테이핑한다.

효 과 대개 3~4회 정도만 붙이면 이명 현상이 사라진다. 이때 1주일쯤 상태를 관찰한 다음 3~4회 정도 더 붙이면 귀울림 현상이 거의 사라질 것이다.

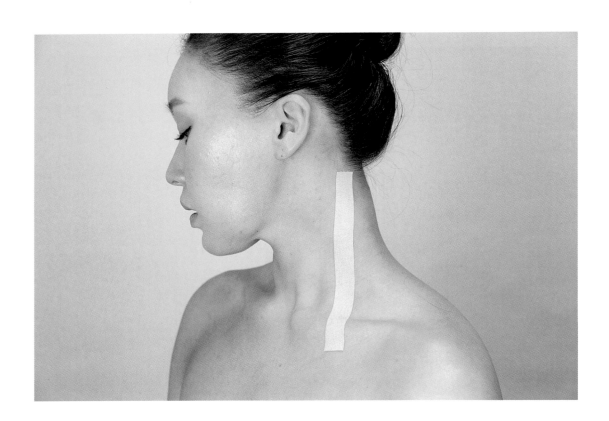

▍천식

증 상 천식이란 폐로 연결되는 통로인 '기관지'의 질환으로, 특정한 원인을 유발하는 물질에 노출되어 기관지에 염증이 생겨 기관지가 심하게 좁아져 기침, 천명(숨 쉴 때 쌕쌕거리는 소리), 호흡곤란, 가슴 답답함 등이 반복적으로 발생하는 질환이다. 기관지의 염증으로 기관지 점막이 부어오르고, 기관지 근육이 경련을 일으키면서 점액이 분비되고, 기관지가 막혀 숨이 차게 된다.

원 인 대흉근의 움직임이 약해져 일어나는 현상으로, 기침을 반복하게 됨으로써 폐가 부풀어 횡격막 운동을 방해한다.

테이핑 대흉근을 테이핑하면 효과가 탁월하다. 2.5cm×30cm I자형 테이프를 한쪽 어깨끝 둥글게 된 뼈 부분(상완골 대결절)에서부터 시작하여 윗부분은 쇄골을 따라 흉골 아래에 붙인다. 다른 2.5cm×30cm I자형 테이프를 위와 반대쪽에 붙인다. 그다음 5cm×25cm I자형 테이프를 흉골에 테이핑하고, 또 같은 크기의 테이프로 횡격막(흉추 12번에 붙임)에 테이핑한다. 그다음 같은 크기의 테이프로 등 뒤쪽 갈비뼈 중간 위치에 테이핑한다. 이렇게 다섯 개의 테이프로 테이핑하면 어느 정도 발작을 멈추게 된다.

효 과 테이핑한 후에는 기침 횟수가 현저히 줄어들지만, 완전히 좋아지려면 3개월 정도 소요된다. 그리고 일상생활에서 복식호흡과 일광욕으로 가슴을 단련시켜야 한다.

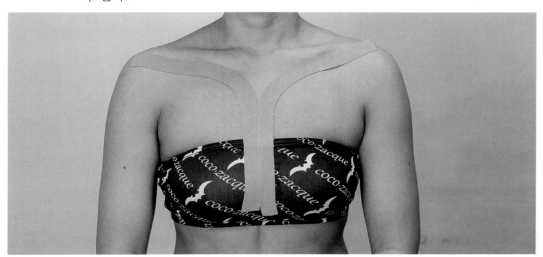

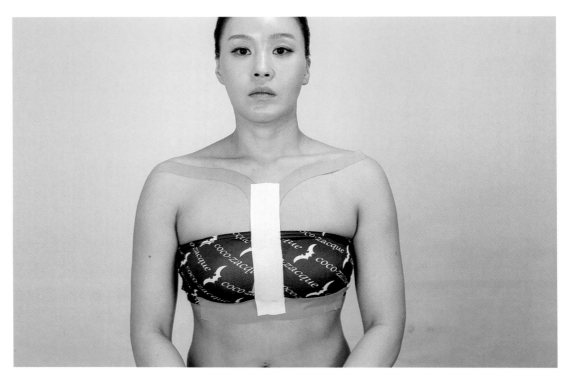

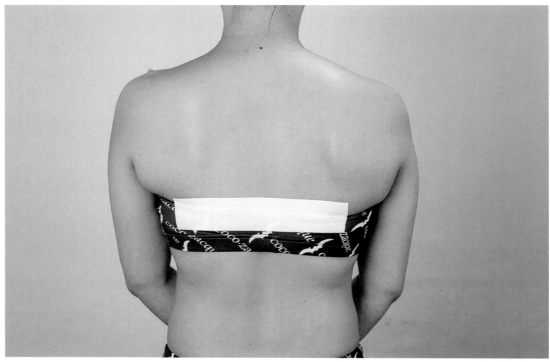

▌ 삼차신경통

삼차신경통은 두부(머리 부분의 앞면)에서부터 몸통과 손발의 주행신경을 따라 발생한다. 통증은 순간순간 불규칙적으로 일어나는데, 그 원인은 다음과 같다.

① 신경 그 자체의 염증과 변성, 뼈와 관절의 질병에 의한 것

② 혈액 순환 장애로 인한 것

③ 스트레스로 인한 것

따라서 이와 관련된 근육의 급격한 당김과 통증, 허혈 상태(혈류의 흐름이 쇠퇴한 상태)의 지속, 스트레스로 인한 근육·골격계 이상 등으로 발병한다.

테이핑 머리부위의 신경통인 경우에는 2.5cm×5cm 테이프 3개로 사진과 같이 테이핑한다.

효 과 일시적이기는 하지만 진통제·비스테로이드성 항염증약·비타민 등에 의존하지 않고 효과를 볼 수 있다.

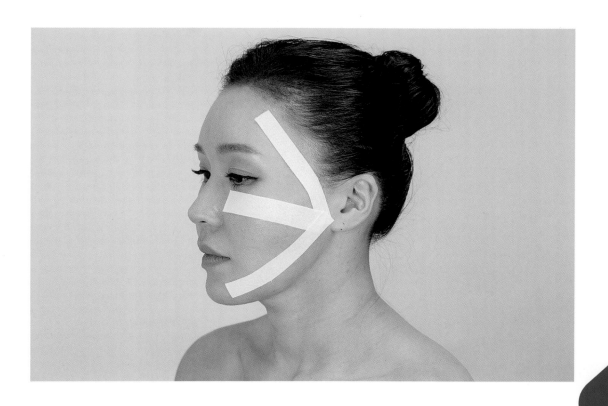

눈가의 처짐

원인　측두근이 처지면 눈 주위의 안륜근(눈동자 주위의 둥근 근육으로 눈을 감게 한
다)에 주름이 생길 수 있다. 이 근육은 자주 웃는 습관에 의해서도 주름이 생
기기도 한다. 나이가 들면 심할 때 눈두덩이가 처지는 경향도 있다. 상품화된
것(예 : 윙클 스트립류)도 있지만, 테이핑으로도 많은 효과를 볼 수 있다.

테이핑　2.5cm×5cm 테이프로 사진과 같이 양쪽 눈동자 밑에 C자형으로 테이핑한다.

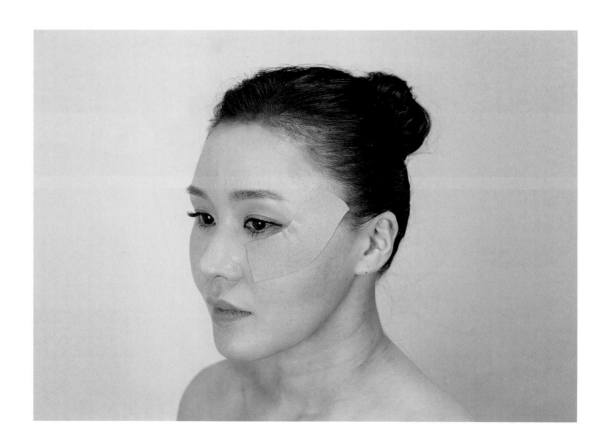

▌ 코막힘

증 상 코 알레르기가 있으면 코막힘, 재채기, 콧물 등이 나타난다. 다시 말해서 분비계에 작용하면 콧물과 눈물이 나고, 혈관계에 작용하면 부종·충혈·코 막힘이 일어나고, 신경계에 작용하면 가려움증과 재채기가 난다.

원 인 우리나라 인구의 10%인 400만 명 정도가 코 알레르기 증상이 있다고 한다. 평소 꽃가루·먼지·집 진드기 등에 접촉하면 알레르기 반응을 일으킨다. 이때 열이 나거나 몸살이 난 것도 아닌데 지속해서 콧물을 흘리는 등 감기 증상에 시달리기도 한다. 그러면서도 자신의 병명을 알지 못하는 경우가 많다.

테이핑 5cm×10cm 테이프를 눈 위쪽 이마 부분에 가로로 붙인다. 2.5cm×5cm 테이프는 이마의 중앙에서 코부분에 세로로 붙이고, 다른 하나는 콧날 중앙 부위에 가로로 테이핑한다.

효 과 붙이는 즉시 코막힘으로 인한 고통은 없어진다. 마라톤 선수나 산소 소비량이 큰 운동선수는 이 테이핑이 아주 효과적이다.

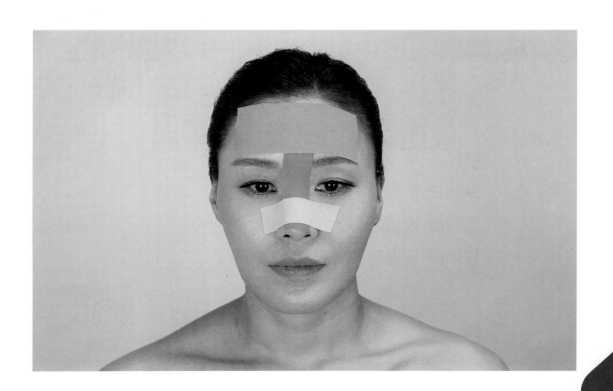

▌ 족저근막염

증 상 족저근막염의 전형적인 증상은 아침에 일어나 첫 발을 내디딜 때 느껴지는 심한 통증이지만, 모두 같은 증상을 겪는 것은 아니다. 통증은 주로 발꿈치 안쪽에 발생하지만, 발꿈치뼈 전내측 종골 결절 부위를 누르면 통증이 발생하기도 한다. 발가락을 발등쪽으로 구부리면 통증이 심해지기도 한다. 가만히 있을 때는 통증이 없다가 움직이기 시작하면 통증이 발생하는 경우가 많다. 일정 시간 움직이면 통증이 다시 줄어들기도 한다.

원 인 발바닥의 아치가 정상보다 낮은 편평족이나, 아치가 정상보다 높은 요족(cavus)인 경우 족저근막염이 발생할 가능성이 높다. 또한 다리 길이의 차이, 발의 과도한 회내(발꿈치의 바깥쪽 회전과 발목의 안쪽 회전의 복합 운동) 변형, 하퇴부 근육의 구축 또는 약화 등이 있는 경우에도 족저근막염을 유발할 수 있다.

테이핑 5cm×20cm 지선형 테이프를 발바닥 세로 방향으로 테이핑하고, 이어서 I자형 테이프로 아치에 테이핑한다.

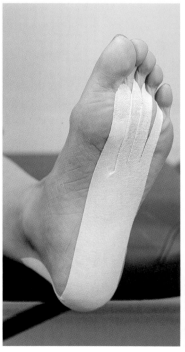  

X자형(외반슬) 다리

X자형(외반슬) 다리의 원인은 잘못된 보행 습관, 발바닥 한쪽으로 지지하는 자세를 자주 하는 경우, 다리를 꼬고 앉기 등과 같은 나쁜 자세에서 비롯된다. X자형 다리의 특징은 대퇴부 내전근은 수축되어 있고, 고관절 뒤쪽 근육이 이완되어 있다.

발목쪽인 족관절 뒤쪽은 바깥 방향을 향하여 바깥쪽 근육이 수축되어 있고, 안쪽근육은 이완되어 있다. 이로 인하여 다리가 틀어져 X자형 다리를 하게 된다.

테이핑 엄지발가락(무지외반증) 테이핑+아치(중족관절) 테이핑+발목 테이핑이 효과적이다.

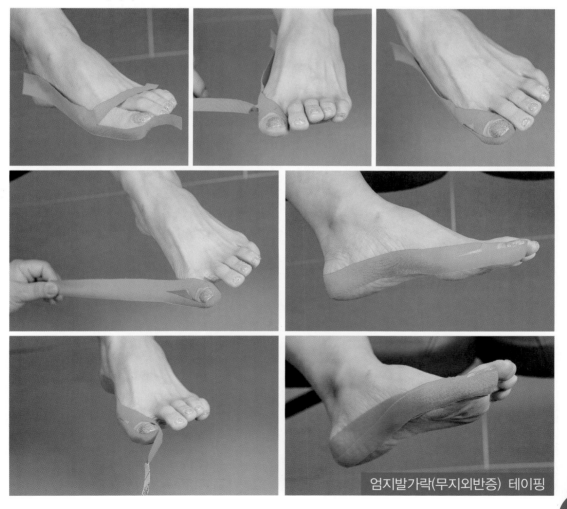

엄지발가락(무지외반증) 테이핑

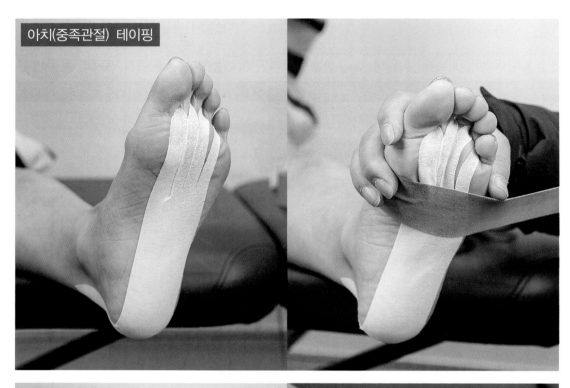

아치(중족관절) 테이핑

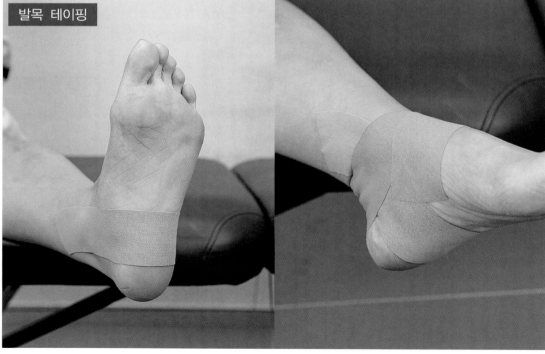

발목 테이핑

O자형 다리

O자형(내반슬) 다리의 원인도 잘못된 보행 습관, 발바닥 한쪽으로 지지하는 자세를 자주하는 경우, 다리를 꼬고 앉기 등과 같은 나쁜 자세에서 비롯된다. O자형 다리의 특징은 고관절 뒤쪽의 근육이 수축되어 있고, 슬관절이 바깥쪽을 향하고 있어 내전근이 약화되어 다리 뒤쪽인 대퇴이두근쪽의 근육들은 수축되어 있다. 발목쪽인 족관절의 바깥쪽 근육은 이완되어 있고, 안쪽은 수축되어 있어 O자형 다리를 하게 된다.

테이핑 새끼발가락 테이핑+아치(중족관절) 테이핑+발목 테이핑이 효과적이다.

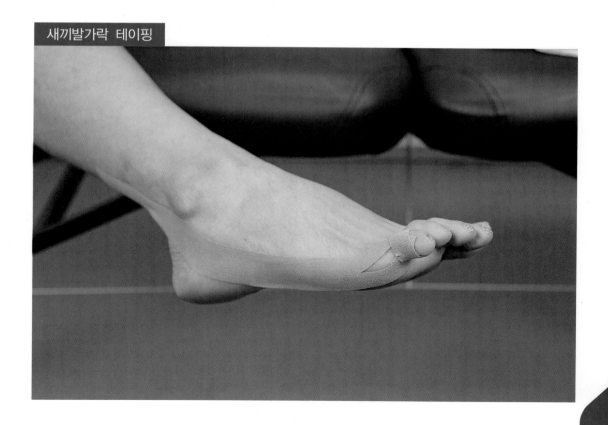

새끼발가락 테이핑

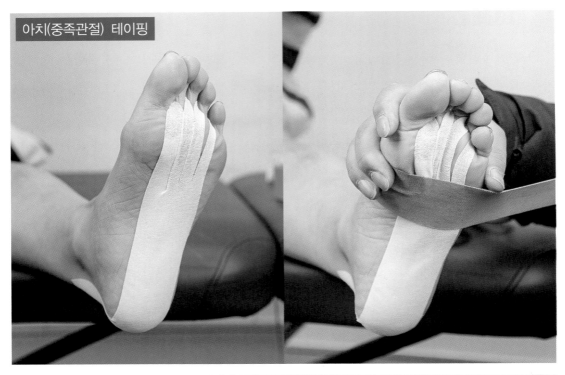

아치(중족관절) 테이핑

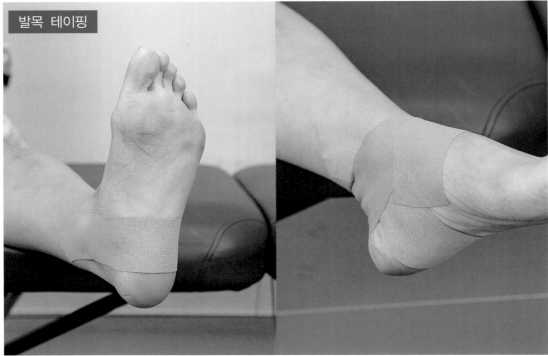

발목 테이핑

④ 부위별 테이핑

부위별 테이핑

교근 테이핑

교근은 턱의 측면 광대뼈에서 시작되어 아래턱뼈로 이어지며, 아래턱을 끌어올려 위턱으로 밀어붙이는 작용을 한다. 음식물을 씹을 때 중요한 역할을 한다.

아래위의 턱을 꽉 물면 귀의 앞쪽 아랫부분에서 힘줄의 운동을 만질 수 있다.

테이핑 입을 벌린 상태에서 5cm×10cm I자형 테이프로 턱 아래에서부터 관자놀이 앞까지 세로로 테이핑한다.

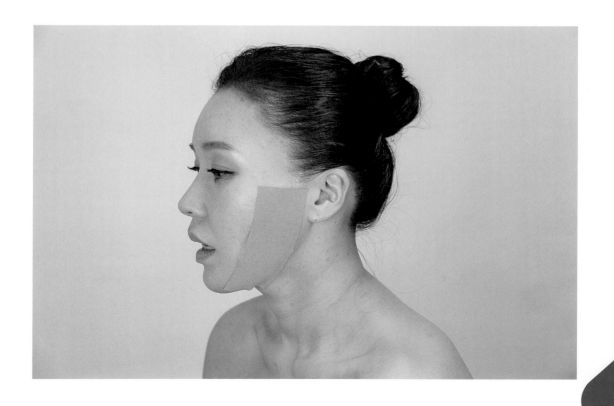

▌ 발가락 테이핑

테이핑 2.5cm×18cm의 Y자형 테이프로 발등 또는 발목 방향에서 시작하여 Y자
형태로 갈라지는 부위가 발가락을 감싸도록 테이핑한다.

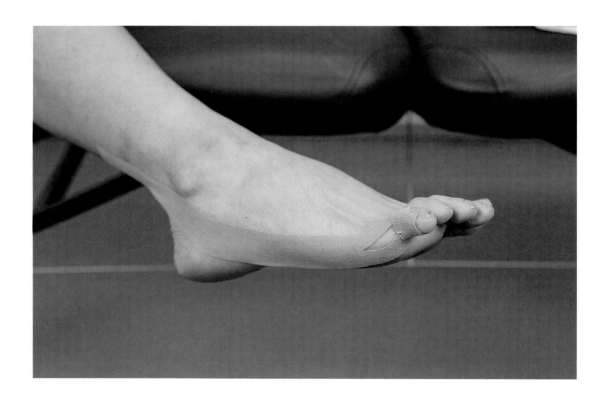

아치 테이핑

테이핑 5cm×25cm 정도의 I자형 테이프로 사진과 같이 테이핑한다. 이 경우 발바닥을 손으로 쥔 상태에서 테이프를 늘리지 않고 붙이는 것이 포인트 이다. 너무 약하게 쥐거나 강하게 쥐면 효과를 못 보거나 불편할 수 있으 므로 대상자가 편안한 포인트를 찾아서 하는 테이핑이 중요하다.

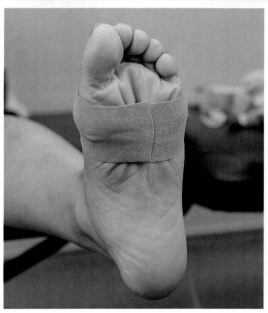

▌슬관절 테이핑

테이핑 5cm×25cm Y자형 테이프로 무릎 윗부분에서 시작하여 무릎뼈를 감싸
줄 수 있도록 테이핑한다.

※ 무릎의 자동 반사가 일어나는 무릎뼈 바로 아랫부분을 꼭 지나야 한다.

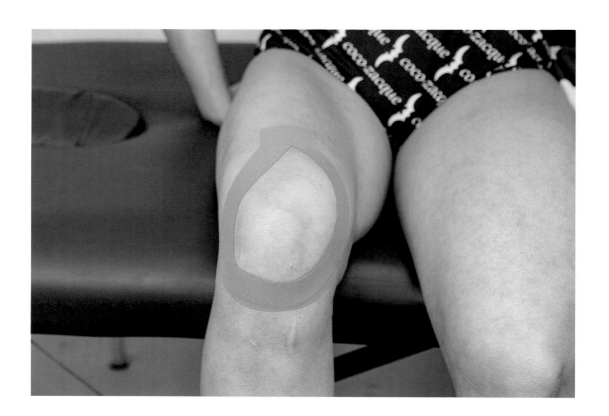

▌아킬레스건 테이핑

테이핑 5cm×30cm 정도의 I자형 테이프를 발꿈치에서 시작하여 세로로 붙이고, Y자형 테이프는 가자미근 테이핑 방법으로 붙인다.

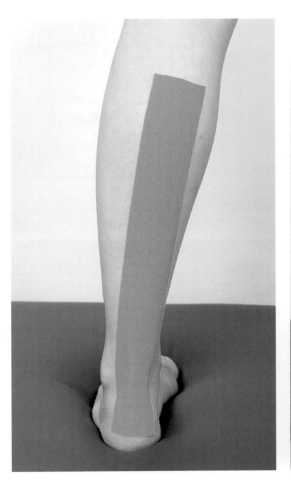

발목 테이핑

테이핑 발목을 세운 상태에서 5cm×30cm 테이프가 양쪽 복사뼈를 지나도록 세로로 테이핑하고, 5cm×40cm 테이프로 아킬레스건을 중심으로 발목에 8자 형태로 테이핑한다.

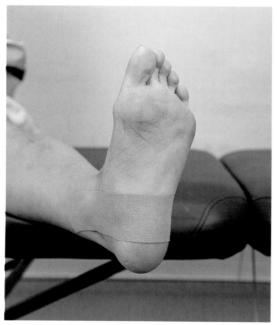

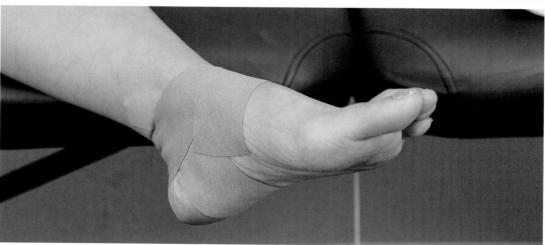

저 자 소 개

| 강 주 성
부산대학교 체육학박사(발육발달 및 운동처방)
전) 소방관체력증진 프로그램개발 연구원
부경대, 부산여대, 공주교대, 청주교대 강사
국제선수트레이너협회 이사

| 김 명 희
부산대학교 대학원 운동학박사
창원대학교 항노화헬스케어학과 강사
경남정보대학교 미용학과 강사
K뷰티화장품연구협회 이사
국제선수트레이너협회 이사

| 박 영 환
경남대학교 스포츠과학과 교수
대한항노화스포츠정책학회 사무국장
대한스쿼시연맹 공정위원회 위원
경남스쿼시연맹 부회장
국제선수트레이너협회 이사

| 설 성 란
한국나사렛대학교 객원교수
국기원 태권도 실기교수
대한태권도협회 지도법 강사
제이칼리쿠 태권도팀 감독
motionDNA전무이사
세계태권도품새선수권대회 1위
체육훈장수상
아시아품새선수권대회 국가대표팀 감독

| 성 낙 현
상해대외경무대학 운동치료·운동전공·비즈니스학과 교수/학과장
국제선수트레이너협회 회장
국제테이핑협회 회장
제5회 아시아청소년태권도선수권대회 국가대표팀 트레이너
제10회 세계청소년태권도선수권대회 국가대표팀 트레이너
제2회 난징하계청소년올림픽 국가대표팀 트레이너

| 성 재 우
국제선수트레이너협회 대표
제2회 세계유소년(카뎃)태권도선수권대회 국가대표팀 트레이너
2015문경세계군인대회테이핑규정 심사관
(주)국제테이핑 실장

| 성 진 우

제97회 전국체육대회 전스쿼시연맹 트레이너
제100회 전국체육대회 경기도태권도협회 트레이너
국제선수트레이너협회 강사
국제테이핑협회 강사
(주)국제테이핑 팀장

| 우 애 정

국제선수트레이너협회 사무국장
국제테이핑협회 사무국장
한국재활메디슨 이사

| 정 일 홍

부경대학교 해양스포츠학과 강사
전) 중부대학교 경찰경호학과 교수
전) 공수도 국가대표선수 및 감독
한국체육교육학회 이사(학수상 수상)
국제선수트레이너협회 이사

모델소개

| 장 미 경

스포츠 모델
피트니스 트레이너
피트니스팀 로즈 리더
무사&WNGP 심사위원세미나 스포츠모델종목 초빙강사
2020~2022 운동의 모든 것 엠버서더
2021-2022 FD카페다 스튜디오 모델
2022 코코쟈크 베이직 모델

키네시올로지 테이핑요법

1판 1쇄 발행 2022년 9월 5일
1판 2쇄 발행 2024년 4월 5일

발행인 김영대
표지디자인 임나영
편집디자인 임나영
펴낸 곳 대경북스
등록번호 제1-1003호
주소 서울시 강동구 천중로42길 45(길동 379-15) 2F
전화 (02)485-1988, 485-2586~87
팩스 (02)485-1488
홈페이지 http://www.dkbooks.co.kr
e-mail dkbooks@chol.com

ISBN 978-89-5676-921-9